Cuaderno de ejercicios

Nuevo Avance
Básico

Begoña Blanco | Concha Moreno | Victoria Moreno | Piedad Zurita

Primera edición: 2012

Produce: SGEL - Educación
Avd. Valdelaparra, 29
28108 ALCOBENDAS (MADRID)

© Begoña Blanco
Concha Moreno
Victoria Moreno
Piedad Zurita

© Sociedad General Española de Librería, S. A, 2012
Avd. Valdelaparra, 29. 28108 ALCOBENDAS (MADRID)

ISBN: 978-84-9778-748-2 (versión internacional)
ISBN: 978-84-9778-749-9 (versión Brasil)
Depósito legal:
Printed in Spain – Impreso en España

Edición: Ana Sánchez
Coordinación editorial: Javier Lahuerta
Cubierta: Track Comunicación (Bernard Parra)
Maquetación: Track Comunicación (Bernard Parra)
Ilustraciones: M.ª Ángeles Peinador
Fotografías: Thinkstock, Cordon Press, Begoña Blanco y Shutterstock
Impresión:

Cualquier forma de reproducción, distribución, comunicación pública o transformación de esta obra solo puede ser realizada con la autorización de sus titulares, salvo excepción prevista por la ley. Diríjase a CEDRO (Centro Español de Derechos Reprográficos) si necesita fotocopiar o escanear algún fragmento de esta obra (www.conlicencia.com; 91 70 1970 / 93 272 04 47)

Índice

UNIDAD 0: PRELIMINAR — 4

UNIDAD 1: *Ser o no ser* — 8

UNIDAD 2: *¿Estudias o trabajas?* — 14

UNIDAD 3: *Estoy en España* — 20

UNIDAD 4: *La familia bien, gracias* — 26

UNIDAD 5: *De fiesta en fiesta* — 32

UNIDAD 6: *Un día normal en la vida de...* — 38

UNIDAD 7: *Para gustos están los colores* — 46

UNIDAD 8: *¡Qué bueno!* — 52

UNIDAD 9: *¿Qué te ha dicho el médico?* — 58

UNIDAD 10: *Ser o estar, esta es la cuestión* — 64

UNIDAD 11: *Hay que hacer muchas cosas* — 70

UNIDAD 12: *De viaje* — 76

UNIDAD 13: *Un poco de nuestra Historia* — 82

UNIDAD 14: *¡Qué tiempos aquellos!* — 90

UNIDAD 15: *Si tú me dices ven...* — 96

UNIDAD 16: *Cuaderno de viajes* — 102

UNIDAD 17: *Nos despedimos, pero seguiremos en contacto* — 108

UNIDAD 18: *Modelo examen* — 114

SOLUCIONES — 126

TRANSCRIPCIONES DE LAS AUDICIONES — 139

Unidad Preliminar

Actividad 1

A Escucha a estas personas deletrear nombres, apellidos y países y subraya los que escuchas.

1. a Martínez
   b Mardones
2. a Suecia
   b Suiza
3. a Blanco
   b Vivancos
4. a Piña
   b Peña
5. a González
   b Jiménez
6. a Quique
   b Kiko

B Ahora escribe tu nombre, tu apellido y el nombre de tu país. Deletrea como en el ejemplo. Después, pregunta a tu compañero/a y deletrea su nombre, apellido y país.

Peter: pe, e, te, e, erre.

Mi nombre: _____.
Mi apellido: _____.
Mi país: _____.
El nombre de mi compañero/a: _____.
El apellido de mi compañero/a: _____.
El país de mi compañero/a: _____.

Actividad 2

A Escucha y clasifica estas palabras según el sonido inicial.

~~coche~~	cine	cena
jamón	kilo	~~guapo~~
jugar	gato	Cuba
zorro	cinco	guitarra
~~zumo~~	~~Jerez~~	Costa Rica
cuatro	quinto	queso
goma	Galicia	guerra
gente	girasol	jirafa

4 Nuevo Avance Básico

Unidad Preliminar 0

Suena como *Camarero*:	**Suena como** *Zapato*:	**Suena como** *Jueves*:	**Suena como** *Guatemala*:
Coche	*Zumo*	*Jerez*	*Guapo*

Actividad 3
Lee y deletrea.

Panamá	Argentina	Colombia
España	México	El Salvador
Perú	Uruguay	Puerto Rico
Cuba	Chile	Paraguay
Honduras	Costa Rica	Nicaragua
Venezuela	República	Guatemala
Ecuador	Dominicana	Bolivia

Actividad 4

A Busca en esta figura los nombres de los números del 1 al 10 en español. Márcalos.

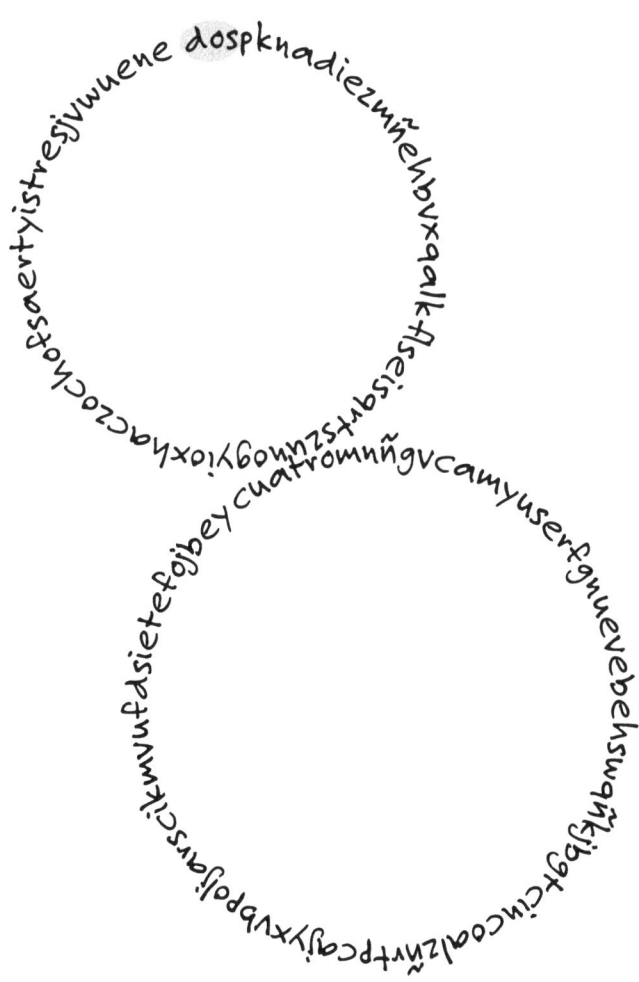

B ¿Qué número forma la figura?

Nuevo Avance Básico

Unidad Preliminar

Actividad 5

En una clase de español los estudiantes hacen estas preguntas a su profesora. Completa los diálogos con los recursos para comunicarse en el aula.

| ¿Qué significa? • ¿Cómo se escribe? • ¿Puede repetir? |
| ¿Cómo se pronuncia? • ¿Puede deletrear? |
| ¿Puede escribirlo en la pizarra? |

1 ● Jefe.
  ▼ ¿Cómo? No entiendo.
    ¿_____?
  ● Jefe.
  ▼ ¿_____?
  ● Sí, jota, e, efe, e.
2 ▼ ¿_____ libro?
  ● *Nuevo Avance* es un libro.

3 ▼ ¿_____ *vaso*, con *b* o con *v*?
  ● Con v.
  ▼ ¿_____?
  ● Sí, claro.
4 ▼ ¿_____ *cerveza*?
  ● Escucha la grabación otra vez. La primera sílaba se pronuncia como *cena*.

Actividad 6

A ¿Qué hacen estas personas: saludar o despedirse?

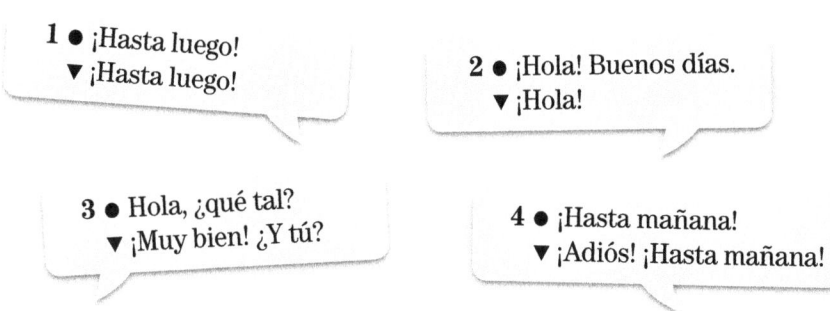

1 ● ¡Hasta luego!
  ▼ ¡Hasta luego!

2 ● ¡Hola! Buenos días.
  ▼ ¡Hola!

3 ● Hola, ¿qué tal?
  ▼ ¡Muy bien! ¿Y tú?

4 ● ¡Hasta mañana!
  ▼ ¡Adiós! ¡Hasta mañana!

Diálogo 1:	*Despedirse*
Diálogo 2:	
Diálogo 3:	
Diálogo 4:	

B Escribe los diálogos anteriores en los dibujos.

a

b

C **Ahora saluda tú a tu compañero/a.**

Actividad 7

Escribe palabras que conoces.

1 Palabras que empiezan por b: *botella*, _____ .

2 Palabras que empiezan por n: _____ .

3 Palabras que empiezan por v: _____ .

4 Palabras que empiezan por j: _____ .

Actividad 8

Lee y repite con tu compañero/a.

- Hola, ¿qué tal?
- Bien, y ¿tú?
- Muy bien. ¡Hasta luego!
- ¡Hasta luego!

Ser o no ser

Actividad 1

Completa con la forma adecuada del verbo *ser*.

1 ● ¿De dónde _son_ ustedes?
   ▼ _____ chilenos.
2 ● ¿Cómo _____ Carmen?
   ▼ _____ muy simpática.
3 ● ¿Quién _____ la chica de la foto?
   ▼ _____ Susana, mi hermana.
4 ● ¿Qué _____ (vosotras)?
   ▼ _____ arquitectas.
5 ● ¿De qué color _____ la bandera de Argentina?
   ▼ _____ azul y blanca.
6 ● Buenos días, _____ (yo) Almudena, la profesora de español.
7 ● ¿De dónde _____ usted?
   ▼ _____ de Perú.
8 ● ¿Cómo _____ tu país?
   ▼ _____ pequeño y muy bonito.
9 ● Ellas no _____ modelos. _____ actrices.
10 ● ¿Quiénes _____ (vosotros)?
   ▼ _____ los estudiantes del curso de español.

Actividad 2

Completa las frases con el artículo y el color adecuado.

1. _La_ nieve es _____.
2. _____ bandera de España es _____ y _____.
3. _____ limón es _____.
4. _____ bandera de México es _____, _____ y _____.
5. _____ cielo es _____.
6. _____ hierba es _____.
7. _____ zumo de naranja es _____.
8. _____ chocolate es _____.
9. _____ té es _____, _____ o _____.
10. _____ aceitunas son _____ o _____.

Ser o no ser

Actividad 3

Ordena estos diálogos y escríbelos otra vez. Uno es formal y el otro informal.

- Buenos días. Soy M.ª José Ortega.
- Encantada, señora Ochoa.
- Muy bien. ¿Y tú?
- Encantado.
- Hola Pedro, ¿qué tal?

- ¡Hola Luis!
- Buenos días. Encantada de conocerla, señora Ortega. Yo soy Alicia Ochoa, la secretaria. ¿Cómo está usted?
- Bien. Mira, te presento a mi amigo Luis.

DIÁLOGO 1 (INFORMAL)

DIÁLOGO 2 (FORMAL)

Actividad 4

A Observa las fotos y escribe el nombre.

Ángeles Mastretta • Oscar Niemayer • Stephanie Rice
Ray Loriga • ~~Patricia Durán~~ • Wangari Maathai

1 *Patricia Durán*

2 _____

3 _____

4 _____

5 _____

6 _____

Nuevo Avance Básico

Ser o no ser

B Ahora ordena los datos sobre estas personas y escribe frases con los datos del recuadro.

> ~~cantante~~ • Kenia • Brasil • nadadora • España
> ecologista • escritor y guionista de cine • Australia
> México • ~~Chile~~ • escritora • arquitecto

1 *Se llama Patricia Durán, es chilena y es cantante.*
2 _____ .
3 _____ .
4 _____ .
5 _____ .
6 _____ .

Actividad 5

En tu escuela de español te piden algunos datos de información personal. Completa el diálogo.

1 ● Buenos días.
   ▼ _____ .
2 ● ¿Cómo te llamas?
   ▼ _____ .
3 ● ¿De dónde eres?
   ▼ _____ .
4 ● ¿De qué ciudad?
   ▼ _____ .
5 ● ¿A qué te dedicas?
   ▼ _____ .
6 ● Muy bien. Muchas gracias. ¡Hasta luego!
   ▼ _____ .

Actividad 6

Ahora pregunta a tu compañero/a y completa su ficha con sus datos personales. Después, contesta también a sus preguntas.

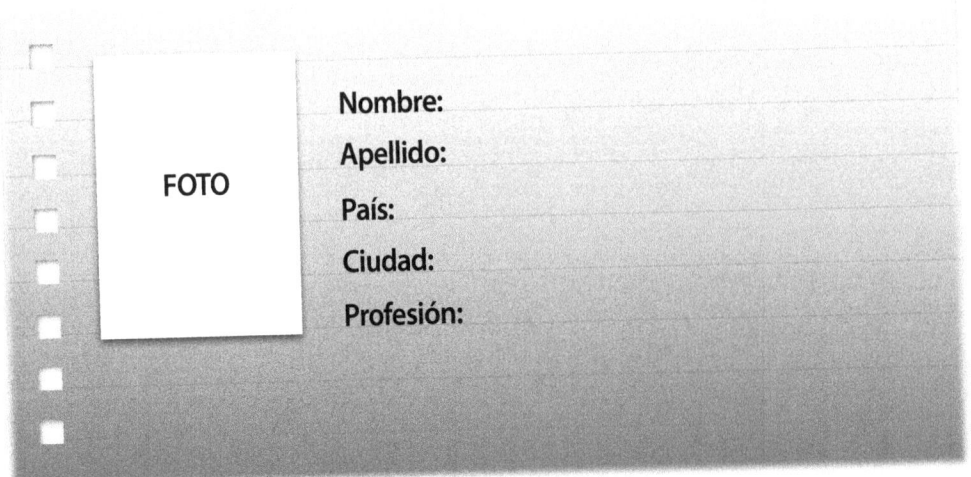

FOTO

Nombre:
Apellido:
País:
Ciudad:
Profesión:

Actividad 7

A Busca ocho adjetivos que se usan para la descripción física de personas.

D	P	G	U	A	P	A	I	N	G
E	M	O	R	E	N	O	E	V	O
L	A	R	T	I	P	V	O	E	R
G	L	I	A	F	O	Z	G	U	D
A	Y	T	O	J	E	B	A	J	O
D	L	V	R	S	A	R	E	T	I
A	P	H	R	U	B	I	O	M	O

B Escribe el masculino y el femenino de los adjetivos.

MASCULINO	FEMENINO
1 guapo	guapa
2	
3	
4	
5	
6	
7	
8	

Actividad 8

Escucha a María, lee la transcripción (página 140) y di si es verdadero o falso.

	V	F
1 María es toledana.	V	F
2 Toledo es una ciudad de España.	V	F
3 María es abogada.	V	F
4 Silvia es la profesora de María.	V	F
5 María es morena y Silvia es rubia.	V	F
6 Silvia es de Argentina.	V	F
7 Buenos Aires es pequeño.	V	F
8 Silvia es antipática.	V	F

Actividad 9

Escucha y escribe los números y las profesiones que oyes.

☐ _____. ☐ _____. ☐ _____.

   □ _____.   **1** *actriz*.

☐ _____. ☐ _____. ☐ _____. ☐ _____.

☐ _____. ☐ _____. ☐ _____.

Actividad 10

Completa el crucigrama con la nacionalidad adecuada.

Horizontales:

1. La capoeira es *brasileña*.
6. La paella es _____.
8. La cumbia es _____.
9. El yoga es _____.
10. El cuscús es _____.

Verticales:

2. El tango es _____.
3. El tequila es _____.
4. El sake es _____.
5. La pasta es _____.
7. El taichi es _____.

¿Estudias o trabajas?

Actividad 1

Escucha y subraya las horas que oyes.

1 a 14:45   b 15:15
2 a 17:25   b 16:35
3 a 20:30   b 14:30
4 a 22:10   b 21:50
5 a 16:15   b 15:45
6 a 12:20   b 14:20
7 a 12:55   b 13:00
8 a 7:15   b 6:45

Actividad 2

A Completa el crucigrama con la forma verbal de presente.

Horizontales:

1 Entrar, yo
2 Beber, tú
3 Abrir, ella
4 Hablar, nosotros
5 Subir, nosotros
6 Coger, vosotras
7 Comprar, yo
8 Vender, ellos
9 Contestar, usted

Verticales:

1 Borrar, ellos
2 Leer, ustedes
3 Pronunciar, ellas
4 Abrir, vosotros
5 Desayunar, tú
6 Ver, él
7 Leer, vosotras
8 Cenar, ella
9 Bailar, yo

B Busca en el crucigrama el apellido de un famoso tenista español.

¿Estudias o trabajas?

Actividad 3

A Escucha y relaciona.

a ☐   b ☐   c ☐   d ☐   e ☐

f ☐   g ☐   h ☐   i ☐   j ☐

B Escribe. ¿Quiénes son las personas de las fotografías?

a _____ .	f _____ .
b _____ .	g _____ .
c _____ .	h _____ .
d _____ .	i _____ .
e _____ .	j _____ .

Actividad 4

A Escucha y subraya los números que oyes.

22   28   11   14   27   30   16

29   21   15   20   26   19   23

B Escribe y di estos números.

a. 24 _____ .   c. 17 _____ .   e. 18 _____ .

b. 12 _____ .   d. 13 _____ .   f. 25 _____ .

Nuevo Avance Básico

2 ¿Estudias o trabajas?

Actividad 5

Escribe una pregunta correcta para estas respuestas. Usa los interrogativos.

¿Qué? • ¿Dónde? • ¿De qué? • ~~¿A qué hora?~~
¿De dónde? • ¿Cuál? • ¿Cómo? • ¿De quién?

1 ● *¿A qué hora desayunas?*
   ▼ Desayuno a las 8:30.
2 ● _____.
   ▼ París.
3 ● _____.
   ▼ Soy panadero.
4 ● _____.
   ▼ Son las 11:15.
5 ● _____.
   ▼ En Granada.
6 ● _____.
   ▼ Es alta, rubia y simpática.
7 ● _____.
   ▼ Son verdes.
8 ● _____.
   ▼ Estudio Historia.
9 ● _____.
   ▼ De Valencia.
10 ● _____.
   ▼ Son de la profesora.

Actividad 6

Completa con *en, de, del, a, al*.

1 Yo, normalmente ceno *a* las nueve _____ la noche.
2 Estudio _____ la Universidad de Salamanca.
3 Vivo _____ Bilbao.
4 La clase _____ español termina _____ las seis _____ la tarde.
5 El coche es _____ director _____ la escuela.
6 Pregunto _____ profesor.

16 Nuevo Avance Básico

¿Estudias o trabajas?

Actividad 7

Escucha y escribe *tú* o *usted*.

1 *Usted*.
2 _____.
3 _____.
4 _____.
5 _____.
6 _____.

Actividad 8

Busca diez lugares.

O	F	A	M	L	L	I	T	R	E	S	T	I	M	A
N	E	O	C	I	U	K	S	C	O	L	E	G	I	O
L	E	G	U	Ñ	R	R	O	X	A	L	E	I	D	P
B	O	T	U	Y	O	C	I	N	A	M	L	A	B	A
J	R	U	G	E	N	I	P	A	M	O	C	E	F	I
C	E	Z	E	A	D	I	Q	D	U	R	F	A	G	E
A	S	I	B	A	R	O	Q	M	E	D	I	Z	O	D
M	T	S	U	B	F	A	R	M	A	C	I	A	D	I
Ñ	A	T	O	U	F	B	R	I	O	N	E	S	I	S
V	U	H	U	E	T	E	L	O	U	X	F	I	O	C
Y	R	K	O	E	P	I	S	C	I	N	A	W	I	O
L	A	R	E	U	Ñ	R	O	P	I	R	A	C	I	T
J	N	A	S	A	C	I	N	A	E	C	A	L	L	E
V	T	A	L	L	E	R	Y	O	F	A	R	I	A	C
O	E	R	T	I	N	A	W	A	Z	E	T	R	I	A

Nuevo Avance Básico 17

¿Estudias o trabajas?

Actividad 9

Lee los textos de la página 30 del libro del alumno y contesta a las siguientes preguntas.

1. ¿De dónde es Sara Baras? _____.
2. ¿Qué hace Mireia Belmonte? _____.
3. ¿Qué necesita Fernando Alonso para su trabajo? _____.
4. ¿Cuál es el premio más importante de Gabriel García Márquez? _____.
5. ¿Dónde trabaja Ferrán Adriá? _____.
6. ¿Cómo es Penélope Cruz? _____.
7. ¿Dónde vive Pedro Almodóvar? _____.
8. ¿De dónde es Paulina Rubio? _____.
9. ¿Cuál es la actriz favorita de Pedro Almodóvar? _____.
10. ¿Quién es la persona del texto 7? _____.

Actividad 10

A Contesta a las preguntas de este cuestionario de la revista *Joven*.

1. ¿Estudias o trabajas? _____.
2. ¿Qué estudias? _____.
3. ¿A qué hora desayunas? _____.
4. ¿Qué desayunas normalmente? _____.
5. ¿A qué hora comes? _____.
6. ¿Dónde comes? _____.
7. ¿A qué hora terminas las clases? _____.
8. ¿A qué hora cenas normalmente? _____.
9. ¿Dónde cenas? _____.
10. ¿Ves la televisión? _____.
11. ¿Escuchas música? _____.
12. ¿Cuál es tu grupo o tu cantante favorito? _____.
13. ¿Viajas mucho? _____.
14. ¿Cómo viajas normalmente? _____.
15. ¿Escribes emails normalmente? _____.

¿Estudias o trabajas?

B **Ahora pregunta a tu compañero/a y escribe sus respuestas.
Contesta también a sus preguntas.**

MI COMPAÑERO/A: Nombre _____ .

1 _____ .
2 _____ .
3 _____ .
4 _____ .
5 _____ .
6 _____ .
7 _____ .
8 _____ .
9 _____ .
10 _____ .
11 _____ .
12 _____ .
13 _____ .
14 _____ .
15 _____ .

Estoy en España

Actividad 1

A Escribe en los cartones del bingo números del 30 al 50.

B Escucha y subraya los números que oyes.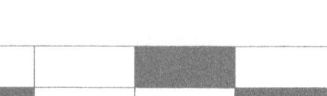
Si completas el cartón, grita ¡Bingo!

Actividad 2

A Busca estos objetos de la clase.

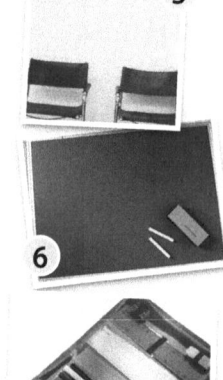

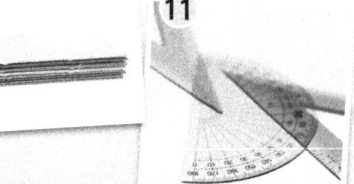

L	W	O	P	I	Z	A	R	R	A	E	L	M	U	L
S	G	M	E	F	O	R	A	M	I	L	H	S	Z	I
T	O	F	V	I	V	B	O	L	I	G	R	A	F	O
G	G	O	J	U	L	A	S	Z	Y	U	B	O	M	V
E	F	O	M	L	O	B	L	O	N	D	I	M	A	O
Q	U	I	M	A	R	E	T	V	X	A	O	E	L	Ñ
H	A	N	S	A	C	A	P	U	N	T	A	S	B	U
G	S	I	L	A	T	U	J	U	N	M	T	A	F	O
X	I	F	I	E	M	L	A	P	I	Z	C	A	M	U
O	L	A	P	V	S	W	A	D	Q	T	F	H	U	R
S	L	R	K	I	M	A	T	R	E	N	O	N	I	L
U	A	F	E	S	T	U	C	H	E	R	E	G	S	I
C	U	A	V	G	O	G	I	L	A	F	N	I	M	B
Z	A	H	A	B	L	O	C	V	E	N	M	O	T	R
J	U	A	R	I	D	A	V	E	N	F	A	L	O	O

20 Nuevo Avance Básico

B Escribe el artículo determinado y el artículo indeterminado en singular y en plural junto a cada palabra.

1 *el lápiz, los lápices, un lápiz, unos lápices*
2
3
4
5
6
7
8
9
10
11
12

Actividad 3

Escribe.
¿Dónde está la gata Brujita?

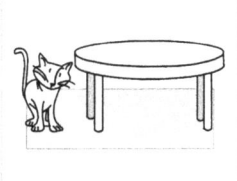

1 *Está entre la mesa y el sillón.*
2
3
4

5
6
7
8

9
10
11
12

3 Estoy en España

Actividad 4

Completa con las formas correctas del presente del verbo *ser*, *estar* o *hay*.

1 La paella *es* un plato típico español.
2 La capital de Castilla-La Mancha _____ Toledo.
3 Asturias _____ en el norte de España.
4 Salamanca y Valladolid _____ en Castilla y León.
5 En Bilbao _____ un museo de arte contemporáneo muy famoso: el Guggenheim.
6 La Alhambra _____ en Granada.
7 Los pinchos _____ un plato típico del País Vasco.
8 En la costa Mediterránea _____ unas playas maravillosas.
9 En Ibiza _____ discotecas estupendas.
10 El Museo del Prado _____ en Madrid.

Actividad 5

Completa con *un, una, unos, unas, el, la, los, las*.

1 ● ¿Dónde está *la* cama?
  ▼ Al lado de _____ puerta.
2 ● ¿Dónde están _____ Pirineos?
  ▼ Entre España y Francia.
3 ● ¿Qué hay en tu estuche?
  ▼ _____ lápiz, _____ bolígrafos, _____ gomas y _____ sacapuntas.
4 ● ¿Dónde está _____ Puerta del Sol?
  ▼ En _____ centro de Madrid.
5 ● ¿Hay algo en la nevera?
  ▼ Sí, hay _____ yogures, _____ huevos y _____ cervezas.
6 ● ¿Cuál es _____ capital de Colombia?
  ▼ Bogotá.
7 ● ¿Cuáles son _____ lenguas oficiales en España?
  ▼ _____ español, _____ catalán, _____ vasco y _____ gallego.
8 ● En Tenerife hay _____ Carnavales muy famosos.
  ▼ Sí, _____ Carnavales de _____ islas Canarias son muy alegres y bonitos.
9 ● ¿Dónde está _____ Casa Rosada?
  ▼ En Buenos Aires, Argentina, es _____ casa del presidente de la República.
10 ● En mi ciudad hay _____ Catedral preciosa y _____ puente muy antiguo.

Nuevo Avance Básico

Actividad 6

La gata Brujita está ahora en el jardín. Escribe *aquí, ahí* o *allí*.

1 _____ 2 _____ 3 _____

Actividad 7

A Escucha y contesta. ¿Qué clase es, la 1, la 2 o la 3?

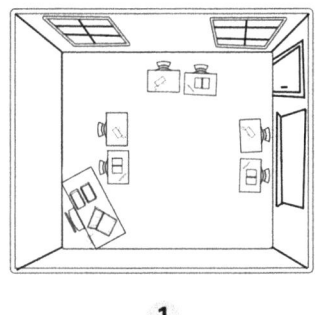 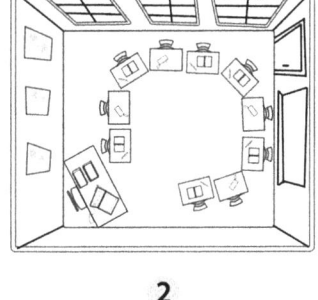 

1 2 3

B Escribe sobre tu clase. ¿Cómo es?

_____
_____
_____
_____
_____

3 Estoy en España

Actividad 8

A Lee.

Andalucía es una Comunidad Autónoma de España. Está en el sur de España. En Andalucía hay más de siete millones de habitantes. Las provincias de Andalucía son ocho: Almería, Cádiz, Córdoba, Granada, Huelva, Jaén, Málaga y Sevilla. Sevilla es la capital de Andalucía. El río principal es el Guadalquivir y el monte más alto es el Mulhacén. Ciudades y lugares importantes son: Granada, Córdoba, Sevilla, Málaga, el Parque Nacional de Doñana, Jerez de la Frontera, la Costa de la Luz, etc.

Hay también muchos monumentos y museos interesantes: en Sevilla están la Catedral, la torre de la Giralda y la torre del Oro, en Granada, la Alhambra y los jardines del Generalife, en Córdoba la Mezquita, en Jaén los conjuntos monumentales renacentistas de Úbeda y Baeza, etc. El clima de Andalucía es excelente. El gazpacho y el pescadito frito son los platos típicos más famosos.

B Contesta.

1 ¿Cuántas provincias hay en Andalucía y cuáles son?

_____

2 ¿Qué ciudades y lugares son importantes en Andalucía?

_____

3 ¿Hay monumentos interesantes en Andalucía? ¿Cuáles?

_____

C Escribe la pregunta.

1 ● ¿_____? ▼ El Guadalquivir.

2 ● ¿_____? ▼ Es excelente.

3 ● ¿_____? ▼ Son los platos típicos más famosos.

D Ahora escribe tú sobre una región de tu país. Usa las formas adecuadas de *ser*, *estar* y *hay* y el vocabulario que ya sabes.

_____

_____

_____

_____

_____

_____

_____

Actividad 9

Escribe las instrucciones para llegar a los lugares de cada dibujo.

  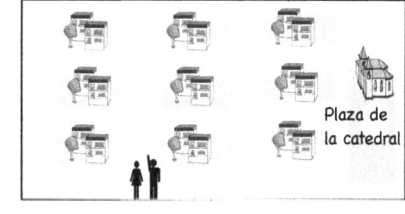

1 ● Perdone, ¿para ir a la Plaza del Príncipe?
▼ *Todo recto y la tercera calle a la izquierda.*

2 ● Por favor, ¿para ir a la Biblioteca Central?
▼ _____

3 ● Perdona, ¿dónde está la Catedral?
▼ _____

Actividad 10

En parejas: pregunta y contesta sobre los siguientes lugares, monumentos y museos de España.

● *¿Dónde está Oviedo?*
▼ *En Asturias.*

● *¿Cuál es la capital de las islas Baleares?*
▼ *Palma de Mallorca.*

1 Catedral de Santiago
2 Museo Guggenheim
3 La Sagrada Familia
4 Museo Sefardí
5 Museo de las Artes y las Ciencias
6 La Giralda
7 La Mezquita

Nuevo Avance Básico 25

La familia bien, gracias

Actividad 1

A Escucha y completa el árbol de la familia de Ana.

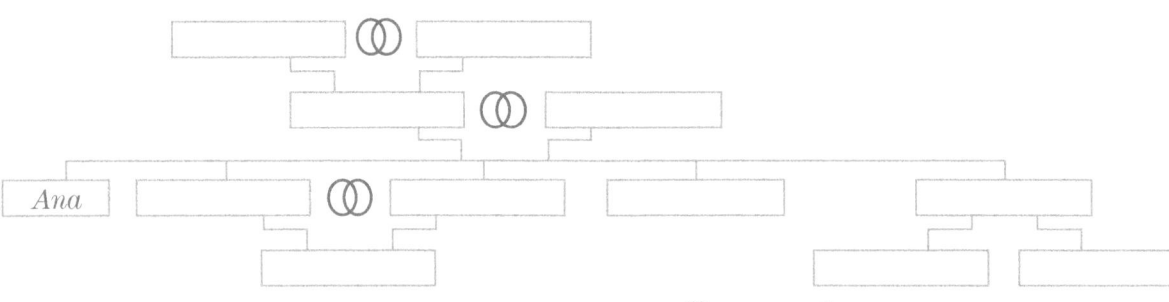

B En parejas, pregunta, contesta y dibuja el árbol de la familia de tu compañero/a.

- ¿Cómo se llaman tus padres?
- ▼ Inge y Jonas.
- ¿Inge es tu madre?
- ▼ Sí y Jonas mi padre.

- ¿Cuántos hermanos tienes?
- ▼ Dos, un hermano y una hermana.
- ¿Cómo se llaman?
- ▼ ...

Actividad 2

Completa el crucigrama con la forma verbal del presente.

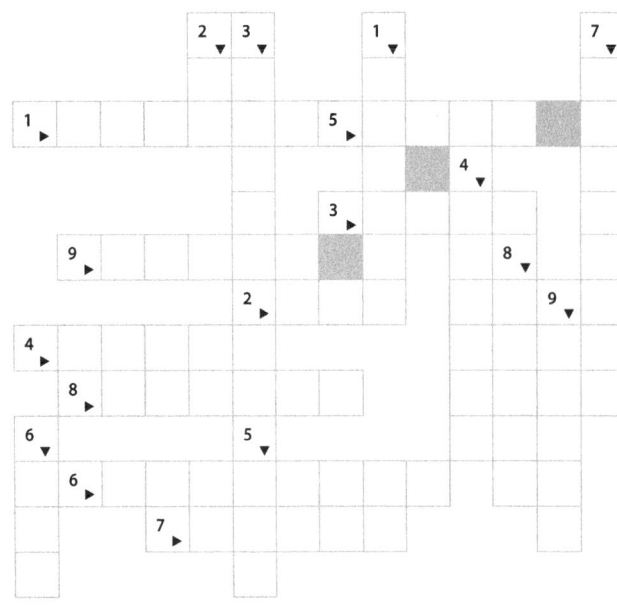

Horizontales:

1 Tener, vosotros
2 Ir, tú
3 Estar, ella
4 Venir, yo
5 Oír, ellos
6 Traducir, yo
7 Ser, nosotras
8 Hacer, vosotras
9 Tener, usted

Verticales:

1 Poner, vosotros
2 Saber, yo
3 Decir, ellas
4 Traer, yo
5 Dar, yo
6 Oír, él
7 Conducir, tú
8 Salir, ustedes
9 Salir, yo

26 *Nuevo Avance Básico*

La familia bien, gracias

4

Actividad 3

A Relaciona las fotografías y las palabras.

Barcelona • tocar el piano • los abuelos de mi novio/a • nadar • México
hacer un bizcocho • ~~inglés~~ • ~~Shakira~~ • Museo del Prado • jugar al fútbol
cocinar • ruso • los amigos de mi novio/a • mi profesor/a • esquiar
jugar al ajedrez • Roma

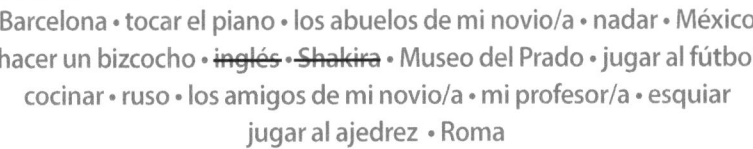

1. *inglés*

2. *Shakira*

B Usa las palabras anteriores y escribe qué sabes/no sabes y qué conoces/no conoces.

SÉ / NO SÉ

Sé inglés.

CONOZCO / NO CONOZCO

No conozco a Shakira.

4 La familia bien, gracias

Actividad 4

Esta es la agenda de Silvia. Lee y completa con la forma verbal adecuada.

Mayo

lunes	martes	miércoles	jueves	viernes	sábado	domingo
Alemán Aeróbic **1**	Reunión trabajo / Aeróbic **2**	Reunión trabajo / Aeróbic Cine-Día del espectador / Cena con Álvaro **3**	Alemán Aeróbic **4**	Aeróbic Tai chi / Reunión trabajo **5**	Aeróbic / Fiesta de cumpleaños en casa de Rosa **6**	Aeróbic con Laura / Comida con mamá **7**
Alemán Aeróbic / Reunión trabajo **8**	Aeróbic **9**	Reunión trabajo / Aeróbic / Cine-Día del espectador **10**	Alemán Aeróbic **11**	Aeróbic Tai chi / Reunión trabajo **12**	Aeróbic / Monte con Álvaro y Rosa **13**	Aeróbic con Laura / Comida con mamá **14**

hacer aeróbic • ir a clases de alemán • tener reuniones de trabajo
practicar tai chi • ir al cine • ir al monte con sus amigos
comer con su madre • cenar con su amigo Álvaro

Silvia...

1 Todos los días _____.

2 Una vez a la semana _____ y _____.

3 Dos veces a la semana _____.

4 A veces _____ y _____.

5 Muchas veces _____.

6 Normalmente los domingos _____.

Actividad 5

Lee y relaciona.

1 Tengo fiebre.
2 Tengo ocho años.
3 Tengo hambre.
4 Tengo sueño.
5 Tengo calor.
6 Tengo miedo.
7 Tengo sed.
8 Tengo frío.

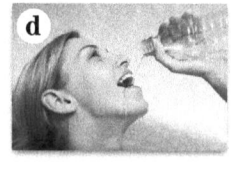

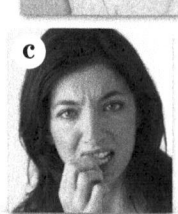

La familia bien, gracias

4

Actividad 6

A Lee el correo electrónico de Karin.
Karin es una estudiante de español y escribe a su amigo Sven.
Tiene algunos problemas con los verbos irregulares.

De: karin02@sunmail.com
Para: svenblue@sunmail.com
Asunto: ¡Hola desde Salamanca!

¡Hola Sven!
¿Qué tal estás? Yo estoy muy bien aquí en Salamanca. Es una ciudad muy bonita. Vivo con una familia muy simpática, María y Mateo son los padres, tenen dos hijos, Arturo y David. Ellos son mis nuevos hermanos.☺
Mateo trabaja en un estudio de Arquitectura y María es enfermera. Arturo y David estudian en el Instituto, Arturo tiene 16 años y David 14.
Mi vida aquí es excitante: haigo muchas cosas. Por la mañana voy a clase de español en una academia. A las 11.00 tenemos el descanso y acabamos las clases a las 13.00. A clase llevo mi libro *Nuevo Avance* y aprendo muchas cosas interesantes. Mi problema es que traduzo mucho y ¡tengo un poco de lío con el español, el sueco y el inglés!
Mi profesora habla despacio y yo pono mucha atención siempre. También da muchos ejemplos y en clase oímos canciones españolas muy famosas.
Mi problema son algunos verbos: no sabo bien los verbos irregulares.

Y ¡no paro!: por las tardes trabajo en un bar del centro. Conozo a muchos estudiantes y a mucha gente de Salamanca porque vienen al bar todos los días. Aquí todo el mundo es muy agradable. Salgo del bar a las 20.00 y a veces doy una vuelta con mis amigos de la academia de español.
¿Qué tal tú? ¿Qué tal en la Universidad?

¡Muchos besos... españoles! ☺
Karin

B ¿Cuáles son las formas verbales incorrectas en el email de Karin? Señálalas y escribe las formas correctas.

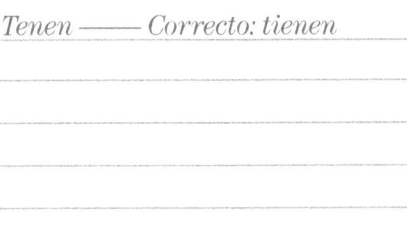

Tenen ——— Correcto: tienen

C Contesta.

1 ¿Cómo es Salamanca?

2 ¿Cuántos hijos tienen María y Mateo? ¿Cómo se llaman?

3 ¿Qué es María?

4 ¿A qué hora acaban las clases de Karin?

5 ¿Qué hace Karin por las tardes?

6 ¿Qué hace a veces Karin después del trabajo?

4
La familia bien, gracias

Actividad 7

Completa con el posesivo adecuado.

1. ● Sara, ¿cómo se llaman *tus* hijos?
   ▼ Beatriz y Samuel.
2. ● Señor García, ¿me dice el número de _____ habitación?
   ▼ Sí, claro. La 34.
3. ● Ricardo, ¿sabes dónde están _____ gafas?
   ▼ No, no tengo ni idea, lo siento.
4. ● Señora Castro, ¿cuántos años tienen _____ nietos?
   ▼ El mayor 29 y la pequeña 22.
5. ● Nosotros vemos mucho a _____ primos.
   ▼ ¡Qué suerte! Yo no tengo primos.
6. ● ¡Hola chicos! ¿Todos estos son _____ amigos?
   ▼ Sí, es que somos una pandilla muy grande.
7. ● Señor Cebrián, aquí tiene _____ pasaporte.
   ▼ Muchas gracias.
8. ● Emma, ¿este es _____ libro de español?
   ▼ Sí, y estos son _____ apuntes, siempre anoto todo en el cuaderno.
9. ● Jordi, perdona, ¿me dejas _____ auriculares?
   ▼ Sí, claro, ¡toma!
10. ● ¡Tengo mucha hambre! Normalmente _____ hora de comer son las 12.00.
    ▼ Ya, pero la hora de comer en España es más tarde, las 14.00 o las 15.00.

Actividad 8

Lee la información del árbol de la página 44 y contesta a las siguientes preguntas.

1. ¿Cómo se llaman los padres de Ana?
2. ¿Cuántos sobrinos tiene Ana? ¿Cómo se llaman?
3. ¿Cuántas hijas tienen Rafael y Sofía? ¿Cómo se llaman?
4. ¿Quién es el marido de Cristina?
5. ¿De quién son los padres Ignacio y Josefina?

Actividad 9

A Lee y contesta verdadero o falso.

DIFERENTES TIPOS DE FAMILIA

Actualmente en España hay diferentes modelos de familia. La familia tradicional clásica (padre, madre y uno o más hijos) es la mayoritaria, pero no la única.

Muchas personas viven en pareja sin estar casados. Entre estas parejas que a veces se llaman «parejas de hecho» algunas tienen hijos y otras no. La natalidad en España es baja: 1,4 hijos por mujer en 2010.

También es común la familia mestiza, es decir, que el padre y la madre son de países y culturas diferentes.

La familia monoparental es la familia con un padre o con una madre (muchas veces son personas divorciadas) y con hijos.

Muchas parejas españolas adoptan niñas y niños extranjeros. Se llaman familias adoptivas.

Y también hay otro tipo de familia que está formada por un hombre y/o una mujer divorciados, que a veces tienen hijos de sus matrimonios anteriores.

En España es posible el matrimonio entre personas homosexuales.

También hay muchas personas, normalmente jóvenes e independientes, que viven solas en las grandes ciudades españolas. Son los solteros o *singles*, en inglés.

La familia bien, gracias **4**

1 La familia tradicional clásica está formada por padre, madre y un hijo.	V	F
2 Las parejas de hecho no tienen hijos.	V	F
3 En España se tienen muy pocos hijos.	V	F
4 En una familia monoparental el padre está divorciado.	V	F
5 Los *singles* son normalmente jóvenes independientes que viven en una gran ciudad.	V	F

B **Escucha y relaciona la información con las fotografías.**

Actividad 10

A **Dibuja una estrella de 8 puntas. En el centro escribe tu nombre y en los extremos de la estrella escribe los nombres de personas importantes para ti: familiares, amigos/as, novios/as, exnovios/as, profesores, compañeros/as de clase, compañeros/as de trabajo…**

MI GENTE

B **Intercambia la estrella con tu compañero/a. En parejas, pregunta y contesta sobre las personas de la estrella: ¿Quiénes son? ¿De dónde son? ¿Cuántos años tienen? ¿Qué son? ¿Cómo son? ¿Están casados o solteros? ¿Tienen hijos? ¿Dónde viven? ¿Dónde estudian/trabajan?**

- ¿Clara es tu madre?
- No.
- ¿Es tu hermana?
- Sí.
- ¿Cuántos años tiene?
- 13.
- ¿Es guapa?
- ¡Sí, mucho! Mira aquí tengo una foto…

De fiesta en fiesta

Actividad 1

Escucha y completa las agendas de Víctor y Marta para el fin de semana.

La agenda de Víctor

Sábado 5	Domingo 6
Expo. "Cómics de siempre" en _____ _____ de _____ a _____. *Chicago a las* _____ en _____.	en _____ a las _____ _____.

La agenda de Marta

Sábado 5	Domingo 6
Partido a las _____ _____. Comida en casa de la abuela. _____ con Víctor a las _____ en _____.	Cumpleaños de Sandra. Comprar tarta.

Actividad 2

A Lee y contesta.

La noche de San Juan

El 24 de junio es San Juan. Se celebra la llegada del verano. El agua y el fuego son elementos muy importantes en esta fiesta. Por la noche se hacen hogueras en la calle y también son muy típicas las verbenas. En las hogueras se queman cosas viejas.

Esa noche la gente va a la playa y todos se acuestan muy tarde, normalmente esperan a la salida del sol. Las fiestas de San Juan son de especial interés en Cataluña, Alicante, Soria y Málaga. En Soria la gente pisa el fuego descalza y a veces llevan a otra persona en la espalda.

De fiesta en fiesta

1 ¿Cuándo es la fiesta de San Juan?
2 ¿Qué se celebra?
3 ¿Qué hace la gente normalmente en la noche de San Juan?
4 ¿Dónde son muy especiales las celebraciones de San Juan?
5 ¿Qué es típico hacer en Soria?
6 ¿Hay alguna fiesta similar en tu país?

B Si en tu país hay una fiesta similar, escribe cómo se llama, qué se hace y cómo se celebra.

Actividad 3

Ordena las letras y escribe las palabras debajo de las fotos.

1 LLSTAREE *Estrella.*
2 ALNU _____
3 OEICL _____
4 RMA _____
5 PYALA _____
6 TOAÑMAN _____
7 LSO _____
8 MCOAP _____

a _____ b _____ c _____ d *Estrella*

e _____ f _____ g _____ h _____

Nuevo Avance Básico

De fiesta en fiesta

Actividad 4

Completa con *muy, mucho, mucha, muchos, muchas*.

1 En San Sebastián hay _____ bares.
2 Estudiamos _____.
3 Tengo _____ sed.
4 Carlos es _____ alto.
5 La Feria de Abril es una fiesta _____ importante en Sevilla.
6 Mi hermana lee _____ y tiene _____ libros.
7 El billete de avión a Chile es _____ caro.
8 Los Carnavales de Cádiz son _____ famosos.
9 No hay _____ pan. ¿Puedes comprar una barra?
10 Trabajas _____ y siempre tienes _____ prisa. ¡Qué estrés!

Actividad 5

Completa con la forma del presente adecuada.

1 ● ¿Paco (sustituir) _____ a Fernando hoy en el partido de fútbol?
  ▼ Sí, es que Fernando está enfermo.
2 ● ¿(Poder, tú) _____ encender la luz, por favor? No (ver, yo) _____ nada.
  ▼ Sí, claro.
3 ● Soy muy terco. Siempre (conseguir, yo) _____ lo que (querer, yo) _____.
  ▼ Pues yo soy muy despistada. Siempre (perder, yo) _____ todo.
4 ● ¿Qué (soler, tú) _____ hacer en verano?
  ▼ Normalmente (ir, yo) _____ mucho a la playa y mis amigas y yo (jugar) _____ al voleibol.
5 ● ¿A qué hora (cerrar) _____ los bancos en España?
  ▼ Normalmente a las 14.00 o 14.15.
6 ● ¿Qué color (preferir, usted) _____?
  ▼ El rosa.
7 ● ¡No (encontrar, yo) _____ el bolso! (Tener, yo) _____ dentro el dinero, los documentos y el libro.
  ▼ Pues yo nunca (traer) _____ dinero a clase.
8 ● (Soñar, yo) _____ muchas veces que (perder) _____ el autobús y que las clases (empezar) _____ y no (llegar, yo) _____.
  ▼ ¿Sí? ¡Yo nunca (acordarse de) _____ mis sueños!
9 ● ¿(Incluir, ustedes) _____ los gastos de comunidad en el alquiler del piso?
  ▼ Sí, normalmente, sí.
10 ● (Pensar, yo) _____ mucho las cosas. Siempre (contar, yo) _____ hasta tres antes de hacer o decir algo.
  ▼ Sí, es bueno hacer las cosas con calma.
11 ● Cuando no (poder, yo) _____ dormir por la noche, (oír) _____ la radio o (leer) _____ un poco.
  ▼ ¡Ah! Yo no (hacer) _____ eso, yo (soler) _____ tomar una infusión y (encender) _____ la tele un rato, pero no siempre (conseguir, yo) _____ dormir.

De fiesta en fiesta **5**

Actividad 6

Completa el texto con la forma del presente adecuada.

¡Hola! Me llamo Patricia y soy de Valencia. Es marzo y estoy muy contenta porque (celebrarse) _____ una fiesta muy importante en mi ciudad: Las Fallas. (Estudiar, yo) _____ en Madrid y (vivir, yo) _____ normalmente allí, pero en Las Fallas (volver, yo) _____ a Valencia. ¡No (poder, yo) _____ perderme Las Fallas! Hay mucha música y mucho ruido por la calle. La fiesta dura una semana, del 12 al 19 de marzo y en estos días muchas veces (salir, yo) _____ con mis amigos por la noche y (acostarse, nosotros) _____ muy tarde, sobre todo, la noche del 19 de marzo nadie (dormir) _____ en la ciudad. Esa noche es muy especial porque se queman las fallas, que son grandes esculturas de cartón. Pero una no se quema y se guarda en el Museo Fallero. Mis abuelos (recordar) _____ muchas fallas de años pasados y (pensar, yo) _____ que son muy bonitas. ¿(Querer, tú) _____ venir a Las Fallas?

Actividad 7

A Lee este poema y di qué significa *te quiero*. Puedes decirlo en tu idioma.

*Te quiero y muero
Sueño
Te quiero y sueño
Encuentro
Te quiero y encuentro
Cuento
Te quiero y cuento
Construyo
Te quiero y construyo
una casa para vivir
pero te quiero y muero
muero de amor por ti.*

Diana, 14-2-2011

B El 14 de febrero es San Valentín y algunas personas escriben poemas de amor para su novio/novia. Contesta a las preguntas.

1 ¿Se celebra el día de San Valentín o una fiesta similar en tu país?
2 ¿Se llama también San Valentín y es el 14 de febrero o es otro día?
3 ¿Qué es típico hacer ese día?
4 En España mucha gente piensa que San Valentín es una fiesta comercial para comprar cosas y hacer regalos. ¿Piensas esto tú también?

C ¿Puedes escribir un mensaje de amor para una persona especial?

Nuevo Avance Básico 35

5 De fiesta en fiesta

Actividad 8

Escucha estos seis diálogos entre dos personas. Cada diálogo se oye dos veces. Relaciona los diálogos con las imágenes. Hay 3 imágenes que no debes seleccionar.

diálogo 1:	c
diálogo 2:	
diálogo 3:	
diálogo 4:	
diálogo 5:	
diálogo 6:	

a)

b)

c)

d)

e)

f)

g)

h)

i)

Actividad 9

Este es el plan de Daniel para tres días en los Sanfermines de Pamplona. Lee y completa las frases con la información del texto.

6 Julio · lunes	7 Julio · martes	8 Julio · miércoles
6.00 Salida de Madrid en autobús hacia Pamplona.	7.00 Desayuno con Fermín y Santi.	6.00 Desayuno en el hostal.
10.30 Llegada al hostal Hemingway.	8.00 ¡Correr en el encierro de los toros! (con Fermín y Santi).	06.45 Dianas en la Plaza Consistorial y en la plaza de toros.
12.00 Chupinazo en el Ayuntamiento.		8.00 Ver el encierro.
14.00 Comer un bocadillo en la Plaza del Castillo.	14.00 Comida en el hostal.	12.00 Exhibición de deportes rurales vascos en la Plaza de los Fueros.
16.00 Visita al centro histórico.	18.30 Corrida de toros en la plaza de toros.	14.00 Comer un bocadillo.
20.30 Verbena en el Paseo de Sarasate con la Orquesta Scorpio.	20.00 Verbena en la Plaza de la Cruz con la Orquesta Camaleón.	17.00 ¡Comprar algunos "souvenirs" para mamá!
23.00 Fuegos artificiales en el Parque de la Ciudadela.	22.00 Cenar un bocadillo.	20.00 Salida del hostal. Regreso a Madrid.
00.30 Concierto de Fangoria en la Plaza de los Fueros.	23.00 Hostal.	2.00 Llegada a Madrid.

36 Nuevo Avance Básico

De fiesta en fiesta

5

1 Compra "souvenirs" para su *madre*.
2 El día que se acuesta más pronto es _____.
3 Los días que no come en el hostal son _____ y el _____.
4 El concierto del día 6 es de _____.
5 Los deportes que ve son _____.
6 Los amigos pamplonicas de Daniel son _____ y _____.
7 El día que corre en el encierro de los toros es _____.
8 Visita la ciudad el _____.

Actividad 10

A **Pregunta a tu compañero/a y escribe sus respuestas. Contesta también a sus preguntas.**

1 ¿Cuándo es tu cumpleaños?
2 ¿Es en invierno o en verano? ¿En primavera? ¿En otoño?
3 ¿En qué mes?
4 ¿Qué día?
5 ¿Hay alguna fiesta importante en tu país en el mes de tu cumpleaños?
6 ¿Conoces alguna fiesta hispana importante en el mes de tu cumpleaños?

El cumpleaños de mi compañero Michele es en otoño, el 9 de octubre. En su país, Italia, el 4 de octubre hay una fiesta muy importante, San Francisco de Asís y en España e Hispanoamérica el 12 de octubre es el Día de la Hispanidad. En España también hay una fiesta muy importante en Zaragoza porque el 12 de octubre celebran el Pilar...

B **Entre todos también podéis preguntar al profesor/a.**

C **Ahora podéis dibujar un calendario y escribir los meses, las estaciones, los cumpleaños de los compañeros/as y del profesor/a y las fiestas.**

Los cumpleaños de la clase

Nuevo Avance Básico 37

Un día normal en la vida de...

Actividad 1

A Lee este test de la revista *Imagen* y contesta a las preguntas.

¿ERES PRESUMIDO/A?

1 ¿Cuánto tiempo necesitas para ducharte?
   a Media hora o más.
   b 15 minutos.
   c 3 minutos.

2 ¿Te das cremas después de bañarte o ducharte?
   a Sí, siempre. Tengo una crema para el cuerpo, otra para la cara, otra para el cuello...
   b A veces. Solo si tengo tiempo.
   c No, nunca.

3 ¿Cuántas veces te lavas el pelo?
   a Todos los días.
   b Tres veces a la semana.
   c Una vez a la semana.

4 ¿Lees revistas de moda?
   a Sí, muchas veces.
   b A veces.
   c No, casi nunca.

5 Para un viaje de una semana llevas…
   a Dos maletas.
   b Una maleta.
   c Una maleta pequeña.

6 ¿Te maquillas o te afeitas?
   a Sí, todos los días.
   b Solo a veces, en ocasiones especiales.
   c Una vez a la semana.

7 ¿Te pones perfume?
   a Sí, siempre uso mi perfume favorito.
   b Normalmente no, solo a veces.
   c Nunca me pongo perfume.

8 ¿Cuántas veces vas a la peluquería?
   a Una o dos veces al mes.
   b Cuatro o cinco veces al año.
   c No voy casi nunca. Me corto y me tiño el pelo en casa.

9 ¿Te depilas?
   a Sí, una o dos veces al mes.
   b Normalmente solo en verano.
   c No, casi nunca.

10 ¿Cuánto tiempo necesitas para vestirte?
   a Una hora. ¡También necesito tiempo para los complementos!
   b 15 o 20 minutos.
   c 5 minutos.

Un día normal en la vida de...

B Escribe los verbos debajo de cada fotografía y relaciona las fotos con las preguntas.

a *Ducharse, 1* .

b _____ .

c _____ .

d _____ .

e _____ .

f _____ .

g _____ .

h _____ .

i _____ .

j _____ .

C Lee los resultados y comenta con tu compañero/a las respuestas.

RESULTADOS DEL TEST

Mayoría de respuestas A
Eres muy presumido/a. Cuidas mucho tu imagen y el aspecto físico es muy importante para ti.

Mayoría de respuestas B
Te cuidas para tener una buena imagen y encontrarte bien, pero esto no es lo más importante para ti.

Mayoría de respuestas C
No cuidas tu imagen. No te importa mucho el aspecto físico y ¡no eres nada presumido/a!

D Ahora, ¿puedes explicar con tus palabras qué significa *ser presumido/a*?

_____
_____
_____

Nuevo Avance Básico 39

6 Un día normal en la vida de...

Actividad 2

A Escucha a Olga Nevado, una locutora de radio de un programa nocturno y contesta las preguntas.

1 ¿Dónde trabaja Olga?
2 Según Olga, ¿es aburrido su trabajo?
3 ¿A qué hora termina el programa?
4 ¿A qué hora se acuesta Olga?
5 ¿Cuántas horas duerme Olga?
6 ¿Qué hace Olga a la hora de comer?
7 ¿Qué hace Olga desde las 16.00 hasta las 19.00?
8 ¿Dónde cena? ¿Con quién?
9 ¿A qué hora empieza el programa *Palabras en la noche*?
10 ¿Por qué son diferentes los fines de semana de Olga?

B Compara tus respuestas con las de tu compañero/a.

C Podéis escuchar otra vez a Olga y comprobar vuestras respuestas.

Actividad 3

A Pregunta a tu compañero/a.

1 Hora/despertarse *¿A qué hora te despiertas?* _____ .
2 Hora/levantarse _____ .
3 Qué/desayunar _____ .
4 Hora/salir de casa _____ .
5 Hora/comer _____ .
6 Qué/Dónde/comer _____ .
7 Hora/volver a casa _____ .
8 Ducharse/por la mañana/por la noche _____ .
9 Ver la tele/Leer/Estudiar/Hablar con tu pareja/con tus padres... _____ .
10 Hora/cenar _____ .
11 Hora/acostarse _____ .
12 Hora/dormirse _____ .

B Ahora escribe las respuestas de tu compañero.

> *Mi compañera Dóvile se despierta muy pronto, a las 6.30 de la mañana, ¡es muy presumida y necesita mucho tiempo para vestirse!, se levanta a las 6.45, desayuna zumo de naranja, café y leche con cereales. Sale de casa a las 8.30 y va a la Universidad...*

Un día normal en la vida de...

6

Actividad 4

Busca estos objetos de aseo.

R	Y	I	U	H	J	B	V	C	X	M	K	P	D	J
Ñ	D	A	R	E	T	C	I	B	V	D	M	P	E	I
Q	W	A	B	C	I	P	U	L	L	I	P	U	N	A
L	X	Z	F	E	O	Y	O	T	A	M	E	L	T	Q
U	P	I	B	P	A	L	T	O	N	I	I	J	I	U
C	V	Z	E	I	R	A	L	Ñ	H	O	N	L	F	Y
R	O	B	T	L	G	E	N	E	R	O	E	H	R	E
A	R	R	I	L	J	G	A	T	B	G	E	M	I	Z
P	R	I	T	O	A	L	L	A	K	Ñ	O	Y	C	A
L	L	C	H	A	I	D	J	S	E	C	A	D	O	R
L	O	N	G	T	U	A	Y	M	B	H	K	P	U	I
E	V	U	C	A	R	Ñ	J	Y	Q	A	M	O	R	I
C	U	C	H	I	L	L	A	G	B	M	Ñ	I	B	O
W	X	I	L	E	N	T	O	S	H	P	V	I	V	I
R	I	C	A	T	H	O	A	E	S	U	F	I	P	F

Actividad 5

Completa con el presente de los verbos reflexivos.

1. ● ¿(Ducharse, nosotros) <u>Nos duchamos</u> ahora?
   ▼ Sí, es necesario antes de entrar en la piscina.
2. ● Los gatos (dormirse) _____ muy rápido.
   ▼ Pero también (despertarse) _____ con todos los ruidos.
3. ● No (encontrarse, yo) _____ bien.
   ▼ Yo tampoco, creo que es la comida, está mala.
4. ● ¿(Sentirse, tú) _____ cómodo en el nuevo piso?
   ▼ Sí, genial, es muy bonito y grande.
5. ● ¡(Irse, nosotros) _____! ¡Hasta mañana, chicos!
   ▼ ¡Hasta mañana!
6. ● Tamara siempre (vestirse) _____ con mucho gusto.
   ▼ Sí, es muy elegante.
7. ● ¿Cuántas veces (cepillarse, ustedes) _____ los dientes al día?
   ▼ Normalmente, tres.
8. ● Mi hermana siempre (peinarse) _____ y (cepillarse) _____ el pelo antes de dormir.
   ▼ Uff, yo no, ¡qué pereza*!
9. ● ¿Por qué siempre (sentarse, tú) _____ en la misma silla en clase?
   ▼ ¡Porque me da suerte*!
10. ● ¿Cómo (llamarse) _____ tu madre?
    ▼ Pilar.
11. ● (Reírse, yo) _____ mucho con este programa de la tele.
    ▼ ¿Sí? Yo (aburrirse) _____ un poco. Prefiero las pelis.*

---

* **¡Qué pereza!**: decimos *¡qué pereza!* cuando no tenemos ganas de hacer algo.
* **Dar suerte (algo)**: cuando un objeto me da suerte, creo que me pasan cosas buenas.
* **Pelis**: películas (coloquial).

Nuevo Avance Básico **41**

6 Un día normal en la vida de...

Actividad 6

Completa con el pronombre reflexivo si es necesario.

1 ● ¿Ya *os* marcháis? ¡Qué pronto!
   ▼ Sí, porque ¡perdemos el autobús!

2 ● ¿Qué _____ desayunas normalmente?
   ▼ Café y galletas.

3 ● ¿Tu padre _____ afeita con cuchilla?
   ▼ Sí, él sí, pero yo _____ afeito con maquinilla eléctrica.

4 ● ¿_____ secáis el pelo con el secador?
   ▼ Solo en invierno. En verano no _____ usamos el secador.

5 ● Mis hijos _____ lavan las manos siempre antes de comer.
   ▼ Eso está bien. Es una buena norma de higiene.

6 ● Mis amigas y yo _____ maquillamos en ocasiones especiales.
   ▼ Pues yo _____ maquillo siempre, _____ pinto las uñas, _____ doy cremas y _____ pongo perfume todos los días.

7 ● ¿Qué _____ pones para las fiestas?
   ▼ Normalmente un vestido elegante y zapatos de tacón.

8 ● Los niños _____ divierten mucho en los columpios de ese parque.
   ▼ Y también _____ tienen mucho espacio para jugar.

9 ● ¿A qué hora _____ acostáis?
   ▼ Depende, de lunes a viernes _____ acostamos a las 23.00 porque _____ levantamos pronto, pero los fines de semana _____ acostamos sobre las 2.00.

10 ● Buenas tardes, _____ tengo depilación a las seis y media.
   ▼ ¡Cuánto lo siento! La esteticista no está, está enferma.
   ■ ¡Vaya! ¡Qué faena!

Actividad 7

Relaciona los diálogos y las imágenes.

1 **Montse**: Estas faldas son muy bonitas y frescas para el verano...
   Adriana: Mamá, yo prefiero aquellos pantalones...
   Montse: ¿Los vaqueros del fondo? A ver...

2 **Adriana**: Mamá, mira, ese cinturón es ideal para mi pantalón negro...
   Montse: Es muy ancho, ¿no? ¿Qué te parecen estos? Son un poco caros pero son muy bonitos.
   Adriana: ¿Cuánto cuestan?
   Montse: 30 euros. Sí, son muy caros...

3 **Montse**: Adriana, esas camisetas de ahí son preciosas y tú te pones siempre muchas camisetas.
   Adriana: Sí, están muy bien. También este bolso de estilo hippy me encanta.
   Montse: Pero hoy no podemos gastar mucho dinero, ¿eh?

4 **Adriana**: Mira, mamá, aquellos paraguas... pronto es el cumpleaños de papá y necesita uno.
   Montse: Sí, pero también necesita calcetines... ¿Dónde hay calcetines?
   Adriana: Creo que en la segunda planta, mamá. Vamos.

1 *d*
2 ___
3 ___
4 ___

a

b

c

d

Un día normal en la vida de...

6

Actividad 8

Gabriel va un fin de semana a casa de su amigo Quique. ¿Qué lleva Gabriel en la mochila? Escríbelo. Puedes usar el diccionario y preguntar al profesor.

Gabriel lleva *un jersey de rayas,*

Actividad 9

Lee los textos de estas tiendas. Relaciona los anuncios de cada tienda con el número correspondiente de las personas que hablan. Hay tres anuncios que no debes seleccionar.

A *Modas Marisa*
Ropa de señora. Para una mujer clásica y también urbana y moderna. Oportunidades y primeras marcas. Abrimos también los sábados todo el día.

B *En el fondo del mar*
Equipos completos de submarinismo. Todo lo que necesitas para bucear. También organizamos cursos de iniciación al buceo. Abrimos de lunes a viernes de 10:00 a 13:30 y de 17:00 a 20:00.

C *Étnicos*
Tenemos ropa y complementos artesanales de todo el mundo. Lo último en ropa de inspiración africana. Estamos en la Parte Vieja, calle Curtidores, número 6. Abrimos también los sábados por la mañana y algunos domingos.

D *El jardín de Alicia*
Ideal para una mujer romántica que le gustan los vestidos de flores, las blusas de seda y la moda *retro* y *vintage*. Diseños exclusivos. Ropa especial para celebraciones y fiestas. Horario: de lunes a viernes de 10:30 a 13:00 y de 16:00 a 20:00. Sábados de 10:30 a 13:30.

E *Él*
Ropa de caballero y joven. Tenemos todos los estilos: clásico, informal, urbano, deportivo. También tenemos zapatería y sección de trajes de novio. Abrimos de lunes a sábado en horario continuo de 10:30 a 20:00.

F *Guau y Miau*
¿Quieres vestir a tu mascota a buen precio? Tenemos todo tipo de ropa y accesorios para tus animales: jerseys, abrigos, impermeables, correas...

6 Un día normal en la vida de...

G El paraíso de los complementos
Tu tienda de bolsos, paraguas, cinturones, pañuelos, bufandas y todo tipo de accesorios para viajes, en el centro de la ciudad. Primeras marcas en maletas como Simsonite. Tenemos todo lo que imaginas. Estamos en la Plaza de España en horario de lunes a sábado. No cerramos a mediodía.

H Campeón
Los amantes del deporte ya tienen una tienda para ellos. Tenemos todo tipo de ropa y calzado deportivos. Equipos completos para todos los deportes, también ropa de montaña y deportes de aventura. Primeras marcas. Estamos en la calle Madrigal, 9 y también en el centro comercial Plaza Central.

I Chiquitines
Ropa y calzado para bebés y niños de 0 a 12 años. Ropa cómoda y práctica. Precios económicos. Ideal para papás y mamás con poco tiempo para ir de compras. Abrimos todos los días en horario continuo de 10.30 a 20.30.

1. Soy Adrián. Tengo 36 años y soy abogado. Necesito ropa clásica para el trabajo y ropa más informal para los fines de semana.

2. Buscamos una tienda joven con diseños coloristas y ropa con motivos folk de todo el mundo.

3. Buscamos ropa a buen precio para nuestros hijos. Van a la escuela, juegan todo el día, hacen deporte y necesitan ropa infantil muy cómoda.

4. Me llamo Laura, tengo 45 años. Soy trabajadora social. Necesito ropa femenina, cómoda y urbana para el día a día.

5. Somos dos amigas y en julio viajamos juntas a Sevilla. Tenemos ropa muy bonita pero necesitamos algunos accesorios de verano como sombreros y gafas de sol. ¡Tampoco tenemos maletas!

6. En casa somos cuatro, mi marido Fabio, mi hija Sonia, nuestra perrita, Milú y yo. En los días de lluvia y nieve Milú necesita ropa de abrigo para sus paseos porque tiene frío.

1	2	3	4	5	6
E					

Actividad 10

Mira las fotografías y completa la pregunta o la respuesta.

Pregunta: ¿Qué talla tiene?
Respuesta: _____.

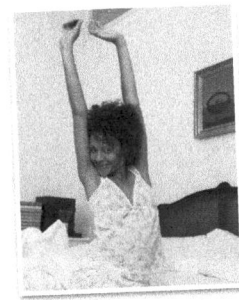

Pregunta: _____.
Respuesta: Normalmente a las 8:00.

Pregunta: _____.
Respuesta: El 39.

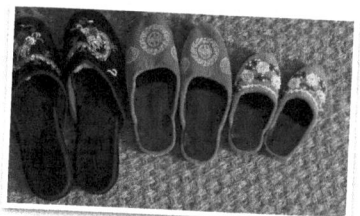

Pregunta: ¿Con qué frecuencia haces esta acción?
Respuesta: _____.

Actividad 11

Elige con tu compañero/a uno de estos viajes o planes. Tenéis que preparar la maleta. Podéis usar el diccionario y preguntar al profesor/a. También necesitáis buscar información sobre algunos de los lugares.

NUESTRO VIAJE A...
| ¿Qué necesitáis llevar?
| ¿Qué tenéis ya?
| ¿Qué cosas no tenéis y necesitáis comprar?

Viajes:
1. Un fin de semana en una playa de la Costa del Sol (España) en verano.
2. Un fin de semana en una tienda de campaña en la montaña.
3. Una boda en abril en Santiago de Compostela (España).
4. Un viaje de una semana en otoño a Estocolmo (Suecia).
5. Un viaje de negocios de una semana en verano a Buenos Aires (Argentina).

Nosotros vamos a la playa un fin de semana, a la Costa del Sol y en la maleta llevamos...

Para gustos están los colores

Actividad 1
A Lee.

| INICIO | SOBRE NOSOTROS | | SUSCRIBE: POST | COMENTARIOS |

RODAMOS.NET — FORO DE CINE

Frodo

Hola a todos, soy Frodo de Pontevedra. Me encanta el cine fantástico, especialmente la trilogía de *El señor de los anillos*. También me gustan mucho los libros de literatura fantástica, sobre todo las obras de Tolkien. Me interesa todo lo relacionado con el género fantástico: cine, series de televisión, literatura, juegos de rol... Quiero conocer a otros aficionados al cine fantástico y tener largas conversaciones aquí en el foro (en el «hilo» de *Fantásticos*) y en el chat.

Greta

¡Hola! ¿Es este el «hilo» *Blanco y Negro*? Soy *Greta en el foro* y me encantan las películas antiguas del cine mudo. Me gustan mucho las películas de Greta Garbo y tengo todo, todo sobre ella. Mi favorita es *La reina Cristina de Suecia*. Tengo también muchos libros de historia del cine. Me molesta la gente que piensa que las películas antiguas no tienen interés. Me gusta mucho pasar las noches de los sábados en casa y ver buen cine. Por eso, también quiero conocer gente en este foro para ver juntos películas en casa los fines de semana.

Goya

Soy Goya, tengo 42 años y estoy en este foro porque me gusta mucho el cine, sobre todo el cine español. Quiero entrar en el "hilo" de *Versión original* pero no sé cómo hacerlo. Cuando entro, el sistema se bloquea... ¿Podéis ayudarme? Me gustan todas las películas de Pedro Almodóvar, ¡todas! Pero también me interesan mucho las películas españolas que se relacionan con la historia contemporánea de España, por ejemplo, *La lengua de las mariposas*. Me molesta un poco la gente que dice que el cine español es todo igual porque no es verdad. ¡Espero arreglar pronto el problema técnico y estar en *Versión original*.

Pablo

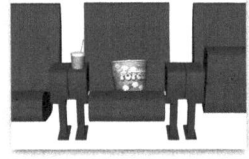

Hola, soy Pablo y soy fan de Akira Kurosawa. Me gustan mucho sus películas y me interesa su manera de hacer cine. *Los sietes samurais, La fortaleza escondida, Rashomon, Los sueños de Akira Kurosawa, Kagemusha, Dersu Uzala*… son fantásticas. Muy pocas personas saben que Kurosawa es la inspiración de algunos directores norteamericanos como Martin Scorsese, Steven Spielberg o George Lucas.

Para gustos están los colores

B Contesta y después habla con tu compañero/a.

1 ¿A ti te gusta el cine?
2 ¿Qué tipo de cine te gusta más?
3 ¿Vas mucho al cine o prefieres ver películas en casa o en tu ordenador?
4 ¿Cuánto cuesta una entrada de cine en tu país?
5 ¿Cuál es tu película favorita? ¿Quién es tu actriz o actor favoritos?
6 ¿Te interesan los festivales de cine? ¿Conoces alguno?
7 ¿Te interesa el cine español e hispanoamericano? ¿Qué películas en español conoces?
8 ¿Qué directores, actores y actrices españoles o hispanos conoces?
9 ¿Tienes los mismos gustos que algunos de los internautas de *www.rodamos.net*? ¿Sí? ¿Cuáles? *A mí también me gusta mucho* El señor de los anillos, *como a Frodo de Pontevedra*.
10 ¿Entras normalmente en foros de internet que tratan de temas que te gustan? ¿Cómo se llaman?

Actividad 2

Escribe sobre tus gustos de cine para el foro de *www.rodamos.net*. También puedes escribir sobre otras aficiones.

_____
_____
_____
_____
_____

Actividad 3

Rocío es una mujer que busca pareja y llama a *Onda Meridional* para hacer una descripción. Oirás la audición dos veces. Después, completa las frases.

1 Rocío es una mujer trabajadora y *joven*.
2 Rocío está soltera y vive con _____ .
3 Rocío tiene un _____ .
4 A ella le gusta mucho _____ , ir al teatro y las discotecas.
5 Trabaja en un _____ .
6 Le gusta mucho su ciudad porque es cosmopolita y _____ .
7 Le encanta _____ .
8 Los _____ va a clases de salsa.
9 No le gusta quedarse en casa y _____ .
10 Quiere conocer a un chico _____ .

Para gustos están los colores

Actividad 4

A Escribe. ¿Qué estación es?

1 *El invierno* 2 _____ 3 _____ 4 _____

B Contesta.

1 ¿Qué estación le gusta más a la gata Brujita? ¿Por qué?
   Yo creo que el verano porque a los gatos les gusta mucho el calor.

2 Y a ti, ¿qué estación no te gusta mucho? ¿Por qué?
   _____

Actividad 5

A Relaciona los dibujos y las frases.

| Hace frío • ~~Hace sol~~ • Hay niebla • Hace viento |
| Llueve • Está nublado • Hace calor • Nieva |

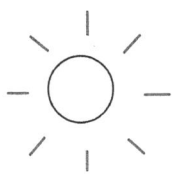   

1 *Hace sol.*   2 _____   3 _____   4 _____

5 _____   6 _____   7 _____   8 _____

B Escucha y dibuja sobre en mapa.

Actividad 6

Escribe las formas correctas de los verbos y los pronombres.

1. ● A mí (gustar) _me gusta_ mucho jugar al tenis. ¿Y a ti?
   ▼ No (gustar) _____ nada los deportes. Solo paseo y camino mucho todos los días.

2. ● ¿No te encuentras bien? ¿(Doler) _____ algo?
   ▼ Sí, (doler) _____ un poco la cabeza. ¿Tienes una aspirina?

3. ● A mi madre y a mí (encantar) _____ ir de compras en las rebajas.
   ▼ A mí no. (Molestar) _____ las prisas y la gente que hay en todas partes.

4. ● A Frank y a ti (interesar) _____ mucho el flamenco, ¿no?
   ▼ Sí, bastante. (Gustar) _____ mucho.
   ● Pues este año, en septiembre, es la Bienal de Flamenco de Sevilla. ¡Podéis ir!

5. ● Susana, ¿(importar) _____ abrir la puerta? ¡Hace mucho calor aquí dentro!
   ▼ ¡Sí claro! Ahora mismo abro.

6. ● A mis amigos (encantar) _____ viajar. A mí también (gustar) _____ pero el problema es que ellos viajan siempre en avión.
   ▼ ¿Y a ti no (gustar) _____ los aviones?
   ● No, yo prefiero viajar en tren o autobús.

7. ● Señores Vigny, ¿(apetecer) _____ ahora tomar un aperitivo en un restaurante del centro histórico?
   ▼ No, ahora no. Estamos muy cansados, preferimos volver al hotel. Gracias.

8. ● Estos zapatos son nuevos y (doler) _____ mucho los pies.
   ▼ ¿Por qué no descansas un poco aquí? Podemos sentarnos un rato en este banco.

9. ● Señora Castro, ¿(gusta) _____ Madrid?
   ▼ Sí, (encantar) _____. Es una ciudad preciosa.

10. ● A mi novio (gustar) _____ los deportes de aventura y todos los fines de semana practicamos alguno.
    ▼ Pues a mi novio (gustar) _____ ver los deportes en la tele y los domingos siempre nos quedamos en casa.

Actividad 7

Contesta con: _Yo también / Yo no / Yo tampoco / Yo sí / A mí también / A mí no / A mí tampoco / A mí sí._

1. Me gusta mucho nadar en el mar.
   A mí también.
2. Normalmente salgo de casa muy pronto por las mañanas.
   _____.
3. Nunca desayuno en casa.
   _____.
4. No me gusta el té.
   _____.
5. Me despierto normalmente a las 8:00.
   _____.
6. No veo nunca la televisión.
   _____.
7. Me encanta el jazz.
   _____.
8. Me interesa mucho el yoga.
   _____.
9. Me lavo el pelo todos los días.
   _____.
10. No juego al fútbol.
    _____.

7

Para gustos están los colores

Actividad 8

Completa con los adverbios del recuadro.

mucho (2) • ~~pronto~~ • nada • deprisa • nunca
poco (2) • tarde • pronto • despacio

Normalmente los españoles se levantan *pronto* para ir al trabajo, a la escuela o la universidad. Desayunan (1) _____ : un café y unas galletas o un cruasán. A la mayoría de los españoles le gusta (2) _____ tomar un café a media mañana en el descanso del trabajo con los compañeros. Muchos vuelven a casa para comer con la familia en las ciudades pequeñas; normalmente de lunes a viernes comen más (3) _____ porque tienen que volver al trabajo a las 16:00, pero los fines de semana son más tranquilos y pueden comer (4) _____ y disfrutar de sobremesas* tranquilas. Es el tiempo para hablar (5) _____ de temas muy variados.
Generalmente los españoles no cenan (6) _____ antes de las 21.00 y no les gusta (7) _____ acostarse muy (8) _____. Por eso, en España es muy normal acostarse muy (9) _____, a las 12 de la noche o incluso a la 01:00. Así que los españoles duermen (10) _____. Claro que hay excepciones, como en todas partes. ☺

* **La sobremesa**: tiempo que estamos en la mesa después de comer. Hablamos y tomamos café en ese tiempo.

Actividad 9

A Escribe. ¿Qué deportes practican estas personas?

1 *Baloncesto*

2 _____

3 _____

4 _____

5 _____

6 _____

7 _____

8 _____

9 _____

10 _____

Para gustos están los colores

B Contesta.

1 ¿Conoces a alguna de las personas de las fotos? ¿Quiénes son?
2 ¿Eres aficionado a los deportes? ¿Practicas alguno? ¿Cuál?
3 ¿Te gustan los deportes de aventura? ¿Cuáles?
4 ¿Te gusta ver deporte en televisión o prefieres ver deporte en directo?

C Ahora habla con tu compañero/a sobre vuestras respuestas.

Actividad 10

A Pregunta a tus compañeros y contesta a sus preguntas. Escribe los nombres de los compañeros en cada casilla.

	Me encanta/n ☺	Me gusta/n ☺	No me gusta/n ☹
Ir al teatro			
Hacer sudokus			
Twitear en internet			
Los gatos			
Los bailes caribeños			
El rock			
Las películas de terror			
Hacer senderismo			
Viajar en tren			
Tomar el sol			
El arte abstracto			

● *Borang, ¿te gusta ir al teatro?*
▼ *Sí, ¿y a ti?*
● *A mí no mucho.*

B Ahora con los datos de la tabla completa estas frases y subraya la forma correcta del verbo.

1 A _____ y a mí nos *gusta/gustan* _____.
2 A mí me *encanta/encantan* _____ y a _____ también.
3 A mí no me *gusta/gustan* _____ y a _____.

Nuevo Avance Básico 51

¡Qué bueno!

Actividad 1

A Escucha y escribe el nombre de los alimentos.

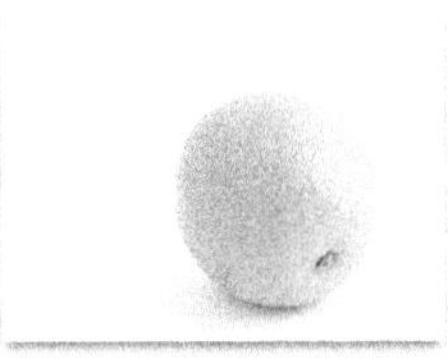

1 *La naranja*    2  _____   3  _____   4 _____

5  _____   6  _____   7 _____   8 _____

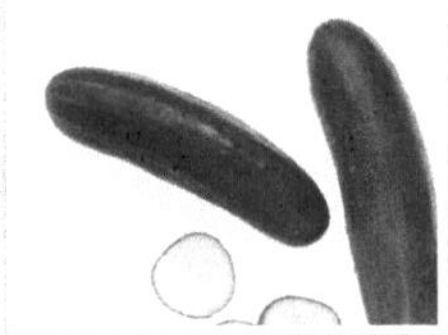

9 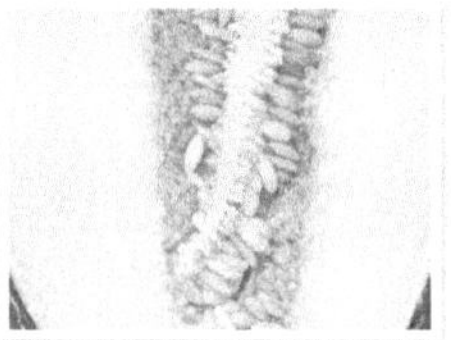 _____   10  _____   11 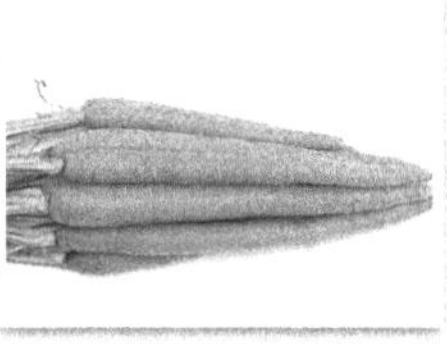 _____   12 _____

13 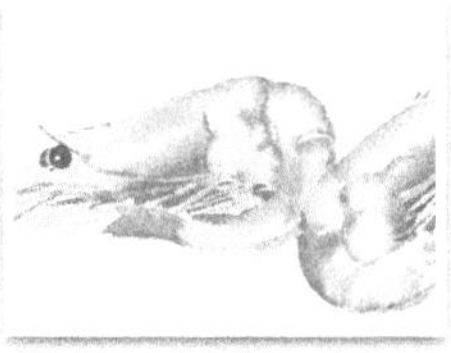 _____   14 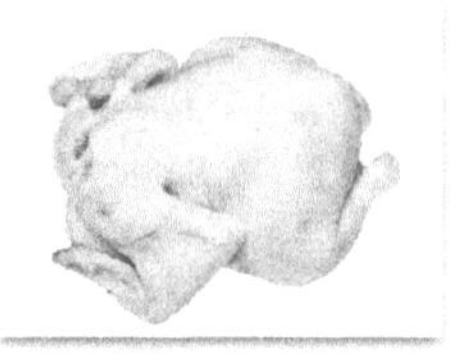 _____   15  _____   16 _____

17  _____   18  _____   19  _____   20 _____

¡Qué bueno!

21 _____ **22** _____ **23** _____ **24** _____ **25** _____

  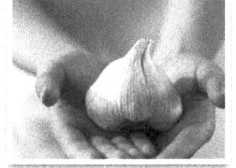  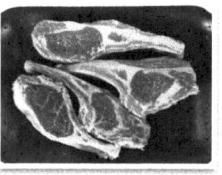

26 _____ **27** _____ **28** _____ **29** _____ **30** _____

31 _____ **32** _____ **33** _____

B **Contesta y comenta con tu compañero/a.**

1 De estos alimentos, ¿cuál/cuáles te gusta/gustan a ti?
2 ¿Qué te apetece comer ahora?
3 ¿Qué prefieres, la carne o el pescado?
4 De todos estos alimentos, ¿cuáles puede comer una persona vegetariana?
5 ¿Qué quieres cenar esta noche?

Actividad 2

Lee y subraya las palabras correctas.

1 *Pablo de 10 años va a desayunar antes de ir al cole. Su madre le ha preparado:*
   a *zumo de naranja*   **b** *cereales con leche*   **c** *pepinos*   **d** *arroz*

2 Laura corre todos los días 12 km por la tarde, Laura come:
   a unas galletas   **b** un plato de pasta   **c** pollo   **d** una sopa

3 Luisa de 87 años merienda con su hijo y toma:
   a sardinas   **b** café con leche   **c** ensalada   **d** bizcocho

4 Alfonso tiene sobrepeso, por eso tiene que cenar:
   a hamburguesa   **b** ensalada   **c** chocolate   **d** una manzana

5 Sandra de 20 años es estudiante y a media mañana toma:
   a un vaso de vino   **b** barrita de cereales   **c** café   **d** paella

8 ¡Qué bueno!

Actividad 3

Contesta. Puedes usar el diccionario o preguntar a tu profesor.

Puestos del Mercado

La frutería   *La pescadería*   *La carnicería*

1 ¿Dónde puedes comprar un pollo? *En la carnicería.*
2 ¿Dónde puedes comprar coliflor? _____
3 ¿Dónde puedes comprar lenguado? _____
4 ¿Dónde puedes comprar cordero? _____
5 ¿Dónde puedes comprar gambas? _____
6 ¿Dónde puedes comprar duraznos? _____
7 ¿Dónde puedes comprar pimientos? _____

Actividad 4

Mira las fotografías y contesta o pregunta.

1 Pregunta: ¿Qué le pongo?
  Respuesta: _____

2 Pregunta: _____
  Respuesta: A 22 euros.

3 Pregunta: _____
  Respuesta: A ver..., son 17,55 euros.

4 Pregunta: ¿Algo más?
  Respuesta: _____

Actividad 5

Escribe según el ejemplo.

En la frutería «Ana Mari» los pimientos, 1,89 euros / En la frutería «Hermanos Estévez» los pimientos, 2,05 euros (estar).

En la frutería «Hermanos Estévez» los pimientos están más caros que en la frutería «Ana Mari».

1 Un vaso de leche, 127 kilocalorías / Una caja de galletas, 480 kilocalorías (tener).
_____.

2 Mi casa, dos dormitorios / La casa de Inés, tres dormitorios (tener).
_____.

3 En nuestra clase, doce alumnos / En la clase de español B1 también (haber) doce alumnos.
_____.

4 La casa de mis padres, 100 metros cuadrados / Mi casa, 65 metros cuadrados (ser).
_____.

5 Me gusta mucho el queso feta / También me gusta mucho el queso mozzarella (gustar).
_____.

6 La pasta, hervir 10 minutos / El arroz, hervir 20 minutos (tener que hervir).
_____.

Actividad 6

A Escribe según el ejemplo.

1 Hace mucho frío: *¡Qué frío!*
2 Las manzanas están muy ricas: _____
3 El novio de tu amiga es muy simpático: _____
4 Tu compañera de clase estudia mucho: _____
5 Hay mucho ruido en tu barrio: _____
6 La casa está muy ordenada: _____
7 Alberto lee muchos libros: _____
8 Susana se levanta a las seis de la mañana: _____
9 En la pescadería hay unas anchoas muy buenas: _____
10 En la nevera hay quince yogures: _____

B Ahora, en parejas, practicad la entonación de las frases exclamativas anteriores.

8 ¡Qué bueno!

Actividad 7

A Escribe los nombres de las partes de la casa en uno de los planos.

> cocina • dormitorio • terraza • salón comedor
> cuarto de baño • entrada • biblioteca • pasillo

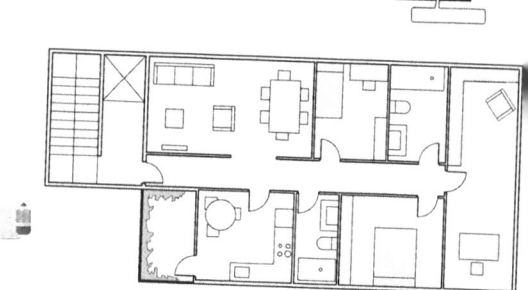

1

B Escucha. ¿Cuál es el piso de Iván? ¹⁹

Actividad 8

Vives en un piso alquilado pero es demasiado caro para ti y necesitas un compañero/a para compartir gastos. Escribe un anuncio en internet en «SE COMPARTE PISO» y explica:

- Todo sobre el piso
- El precio del alquiler (con los gastos de luz y agua incluidos)
  (Entre 25 y 30 palabras)

2

> Busco compañero/a de piso. Zona campus universitario, exterior, tres dormitorios, salón-comedor, dos cuartos de baño y terraza. Amueblado. Conexión a internet. Bien comunicado. 400 euros más gastos de luz y agua.

Actividad 9

Completa las frases. ¿Qué hay que llevar en estas situaciones? No olvides el artículo si es necesario.

> libro *Nuevo Avance 1* • regalo • ~~bañador~~ • carné de conducir
> pasaporte • botella de vino • guantes y gorro • dinero

1 Voy a la playa. *Tengo que llevar un bañador.*
2 Mi mejor amigo va a viajar a otro país. _____
3 Voy a la clase de español. _____
4 Mi hermana va a cenar a casa de unos españoles. _____
5 Voy a pasar el fin de semana en una estación de esquí. _____
6 Mis padres quieren alquilar un coche. _____
7 Mis amigas y yo vamos a ir de compras esta tarde. _____
8 Vais a una fiesta de cumpleaños. _____

Actividad 10

**Pregunta a tu compañero/a y escribe sus respuestas.
Contesta también a sus preguntas.**

Nombre del compañero/a: _____

¿QUÉ VAS A HACER…

- esta noche?
  Mi compañera Gita va a hacer una cena en su piso con los compañeros del curso. Va a preparar un plato típico de La India…

- mañana por la mañana?

- pasado mañana?

- este fin de semana?

- la semana que viene?

- el próximo mes?

- en las vacaciones de verano?

¿Qué te ha dicho el médico?

Actividad 1

A **Lee el diario de Pepa.**

Hoy ha sido un día raro. Normalmente me despierto a las ocho, pero hoy me he despertado media hora antes porque no he dormido bien en toda la noche. He soñado con mi perro Sandokán y una antigua amiga del colegio, Lucía. No la he visto en muchos años.

Me he levantado y he pensado en mi sueño. He desayunado y he escuchado la radio. En la radio han entrevistado a la actriz Lucía Bosé y también han dicho que próximamente van a poner en la televisión una nueva versión de la serie Sandokán.

No he prestado mucha atención a estas noticias. Luego me he duchado, me he vestido y he sacado a pasear a Sandokán antes de ir a trabajar.

Después he ido al trabajo. Soy camarera en un bar del centro. Mi compañera de trabajo, Esther, está embarazada. Va a tener una niña y me ha dicho que se va a llamar... Lucía. No sé por qué esta mañana he pensado mucho en mi antigua amiga del colegio.

He comido en el bar. Mi turno termina a las seis de la tarde. He hecho algunas compras antes de volver a casa y he pasado por mi antigua escuela. Generalmente voy por otro sitio pero hoy he querido cambiar de trayecto. ¡No sé por qué!

Después he llegado a casa, he cenado pronto y he visto un poco la televisión. Luego he ido con Sandokán a dar un paseo por el parque y... ¡lo he perdido! Me he puesto muy nerviosa porque el parque es muy grande y tiene poca luz. He corrido y llamado a gritos a Sandokán, me he resbalado y me he caído, me he hecho mucho daño en el pie izquierdo. Han venido otros dueños de perros para ayudarme y también mi Sandokán. Me han llevado al hospital y me ha atendido una doctora muy simpática y amable: Lucía del Valle, ¡mi amiga de la infancia! Hemos hablado un rato y hemos recordado muchas cosas bonitas. Ahora tengo dos dedos del pie rotos y no puedo salir mucho. Pero vamos a quedar un día de estos para tomar un café y recordar viejos tiempos.

¿Qué te ha dicho el médico?

B ¿Es verdadero o falso?

	V	F
1 Pepa se ha despertado a las ocho y media.	V	F
2 Pepa ha dormido bien.	V	F
3 En la radio han entrevistado a una actriz.	V	F
4 Esta mañana Pepa primero se ha duchado y después ha desayunado.	V	F
5 Hoy Pepa ha sacado a pasear a Sandokán dos veces.	V	F
6 Pepa trabaja de camarera en un bar.	V	F
7 Pepa va a tener una hija.	V	F
8 Pepa ha pensado mucho en su amiga Esther todo el día.	V	F
9 Pepa ha terminado de trabajar a las seis.	V	F
10 Pepa hoy no ha visto la televisión.	V	F
11 Sandokán se ha perdido en el parque.	V	F
12 Pepa se ha caído y se ha hecho daño en los pies.	V	F
13 La doctora que ha atendido a Pepa en el hospital se llama Lucía y es su antigua amiga del colegio.	V	F

C Contesta y comenta con tu compañero/a.

Y tú, ¿has tenido alguna vez una experiencia parecida a la de Pepa?
¿Has pensado mucho alguna vez en alguien y finalmente lo has visto?

Actividad 2
¿Qué dices en estas situaciones? Subraya la opción correcta.

1 Tu abuela te ha dicho: «Esta tarde voy a ir al médico. Tengo cita a las cinco». Ahora son las siete de la tarde. Tu abuela está en casa. Preguntas:
a Abuela, ¿has ido al médico?
b Abuela, ¿ya has ido al médico?

2 Tu novia ha vuelto de un viaje a Venezuela. Tú sabes que no le gusta mucho probar comidas nuevas. Preguntas:
a ¿Ya has probado las arepas?
b ¿Has probado las arepas?

3 Estás de viaje por Andalucía y a ti te encanta el flamenco. Vas a ir a un tablado al día siguiente. Te preguntan: «¿Ya has oído flamenco en directo?»
Respondes:
a No.
b No, todavía no.

4 Estás en un curso de español en Salamanca. Te gusta mucho el campo pero no te gusta la playa. Te preguntan: «¿Ya has visitado la Costa Brava?» Tú no piensas ir. Respondes:
a No, no he estado en la Costa Brava.
b No, todavía no.

5 El médico te ha recetado unas medicinas. Has ido a la farmacia y las has comprado. Después tu hermana te llama y te dice: «Voy a ir a la farmacia. ¿Compro también tus medicinas?».
a No, gracias. Ya las he comprado yo.
b No, gracias.

Nuevo Avance Básico

9 ¿Qué te ha dicho el médico?

■ **Actividad 3**

A Escribe las palabras con el artículo.

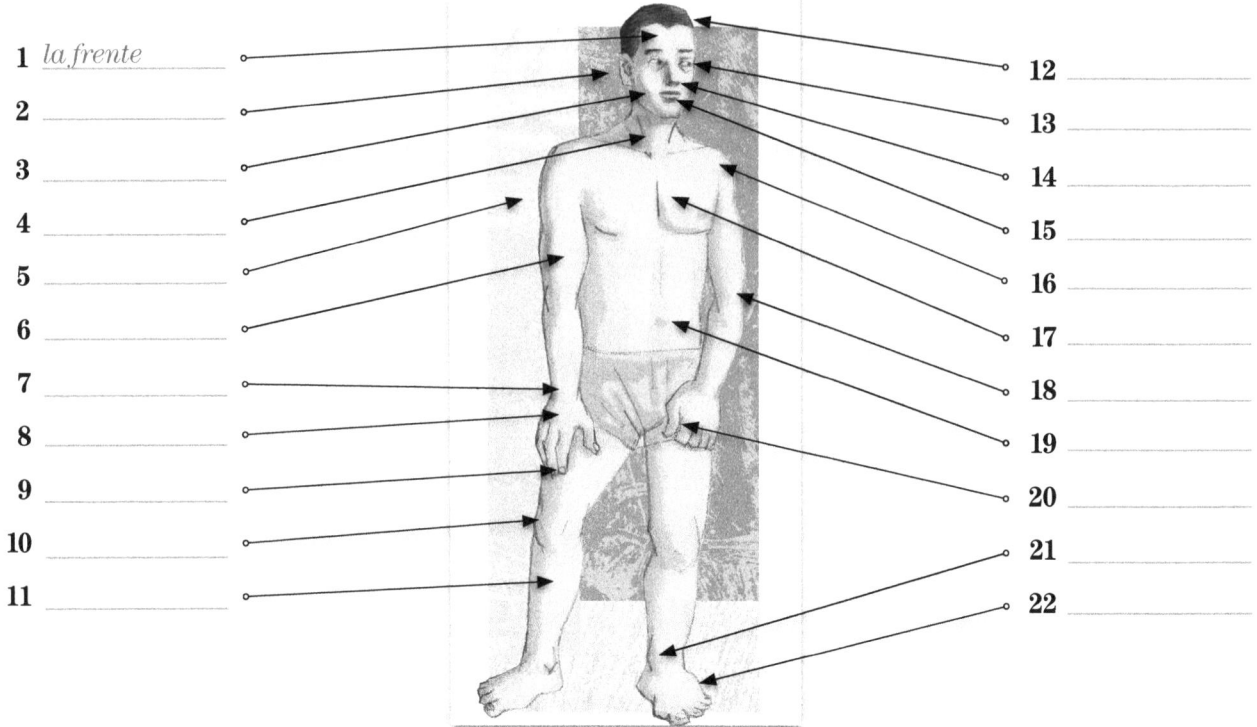

1 *la frente*
2 _____
3 _____
4 _____
5 _____
6 _____
7 _____
8 _____
9 _____
10 _____
11 _____
12 _____
13 _____
14 _____
15 _____
16 _____
17 _____
18 _____
19 _____
20 _____
21 _____
22 _____

B Escribe el plural de estas palabras y escribe también los artículos.

1 oreja — *las orejas*
2 uña
3 codo
4 hombro
5 ojo
6 nariz
7 muñeca
8 brazo
9 pecho
10 pie
11 rodilla
12 pierna
13 pelo
14 tobillo

C Y ahora formáis grupos y contestáis rápidamente (primero tenéis que levantar la mano y después contestar). El grupo que responde antes gana un punto para cada respuesta correcta.

¿Qué parte del cuerpo está...
- sobre el pie?
- en la parte superior?
- en el final de los dedos?
- donde empiezan los brazos?
- entre la mano y el brazo?
- en el centro de la cara?
- entre la cabeza y el pecho?
- sobre la cabeza?

¿Qué te ha dicho el médico? **9**

Actividad 4

Escucha estos cinco diálogos breves.
Oirás cada diálogo dos veces. Relaciona los diálogos con
las imágenes. Hay tres imágenes que no debes seleccionar.

Diálogo 1	
Diálogo 2	
Diálogo 3	
Diálogo 4	
Diálogo 5	

Diálogo 1:
● ¿Vamos esta tarde a la piscina?
▼ No, lo siento, no puedo. Tengo que estudiar para el examen de Anatomía.

Diálogo 2:
● ¿Quieres tomar un helado?
▼ No, no puedo. ¡Me duele la garganta!

Diálogo 3:
● ¿Vamos a Venecia de vacaciones?
▼ ¡Qué buena idea! De acuerdo, así descansamos y volvemos con más energía.

Diálogo 4:
● Luego vamos a ir de compras, ¿vienes?
▼ Sí, ¡claro! Tengo que comprar una crema protectora solar con factor 50 +.

Diálogo 5:
● ¿Por qué no alquilamos un coche y recorremos España este verano?
▼ Imposible. Este verano tengo que trabajar en el hospital.

Actividad 5

Relaciona las frases con las cosas a las que se refieren y escríbelo.

1 Ya la he tomado y ahora me duele menos la cabeza. *Una aspirina, f*
2 Sí, me lo voy a poner. ¡Me encanta! _____
3 Siempre las tomo con nata. Están muy ricas. _____
4 No lo he roto yo. Simplemente se ha parado. _____
5 No los encuentro. ¿Sabes dónde están? ¡Hace mucho frío y los necesito! _____
6 No, no la he probado todavía. _____
7 Sí, ya lo he escrito. _____
8 Esta semana no las he regado ninguna vez. ¡Se van a secar! _____

¿Qué te ha dicho el médico?

Actividad 6

Completa con las preposiciones *a, de, en, por, para, con, sin*.

1 ● ¿_____ qué hora empieza la película?
  ▼ _____ las ocho y media.
2 ● Siempre viajo _____ autobús o _____ tren porque el avión me da miedo.
  ▼ Pues _____ mí me gusta mucho viajar _____ avión sobre todo cuando tengo que viajar _____ América _____ Europa.
3 ● Ana, ¿dónde está Arequipa?
  ▼ _____ Perú, creo.
4 ● ¿Tienes clase _____ la tardes?
  ▼ Sí, tengo clase _____ francés _____ cinco _____ seis y media.
5 ● ¿Esta camiseta es _____ algodón?
  ▼ No, es _____ poliéster.
6 ● ¿_____ qué estudias español?
  ▼ _____ viajar _____ España y Latinoamérica.
7 ● ¿_____ qué mes estamos?
  ▼ _____ mayo, ¡el mes _____ las flores!
8 ● ¿_____ qué no vamos _____ casa la abuela este domingo?
  ▼ Imposible. He quedado _____ Luis _____ comer.
9 ● ¡Qué tortilla más sosa! ¿Siempre lo comes todo _____ sal?
  ▼ Sí, soy hipertenso* y no puedo tomar sal.
10 ● ¿Vives sola?
  ▼ No, vivo _____ dos compañeros _____ la Universidad.

> Hipertenso/a: *persona que tiene una tensión muy alta en la sangre y es un problema de salud.*

Actividad 7

Subraya la opción correcta.

1 ● ¡No he visto **alguna/ninguna** frutería por aquí! ¡Qué raro!
  ▼ No, pero hay **algún/algunos** supermercados. Puedes comprar ahí los tomates.
2 ● Señor Gómez, ¿ha tomado últimamente **mucho/algún** azúcar y come **muchos/pocos** dulces?
  ▼ Sí, creo que sí.
  ● No es bueno para su azúcar, ya lo sabe.
3 ● ¿Hay **algo/nada** de leche en la nevera?
  ▼ Sí, hay **ninguna/algunas** cajas pero no hay **ningún/alguno** yogur. Hay que comprar.
4 ● Tu gato es **muy/mucho** bonito. ¿Cómo se llama?
  ▼ Tolomeo. También tengo un perro.
5 ● ¿No hay **alguien/nadie** en el chat ahora?
  ▼ Sí, ¡hola! Me llamo Geno y estoy aquí☺.
6 ● ¿Tienes **mucha/ninguna** ropa de verano?
  ▼ Sí, tengo **muchas/pocas** camisetas de manga corta y **pocos/muchos** vestidos. ¡Vivo en Canarias!
7 ● Hace **mucho/muy** frío. ¿Puedes cerrar la ventana, por favor?
  ▼ Sí, desde luego. Ahora mismo la cierro.
8 ● ¿Tienes hermanos?
  ▼ No, no tengo **nadie/ninguno**.
9 ● ¿Tienes **algunas/muchas** cosas que hacer este fin de semana?
  ▼ Sí, tengo que estudiar **mucho/poco**.
10 ● ¿Sabe si hay **algún/alguno** banco en esta calle?
  ▼ No, no hay **nada/ninguno**.
11 ● ¿Sabes **algo/poco** de Luisa?
  ▼ Sí, se ha jubilado y está **mucho/muy** contenta.

¿Qué te ha dicho el médico?

Actividad 8

¿Sabes algo más de la vida de Pepa, la chica de la Actividad 1? Observa el dibujo y escribe sobre algunas de sus experiencias en el pasado.

Pepa ha estudiado Hostelería.

_____
_____
_____
_____
_____
_____

Actividad 9

A Escucha y completa.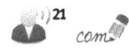

1 Para tener una cara joven sin arrugas tenemos que abrir mucho _____ y cerrarla. Hacer _____ veces y relajar. Repetir _____ veces más.
Cerrar _____ y abrir _____ a la vez.
Abrir y cerrar cada _____ alternativamente _____ veces.

2 Para tener unos pómulos más marcados hay que llenar _____ de _____ y expulsarlo poco a poco por la boca.
Otro ejercicio es llenar solo _____ y pasar el aire de un lado al otro alternativamente.

3 Para tener unos _____ bonitos debemos pronunciar la vocal _____ y poner _____ índices cada uno en un extremo de _____ y pronunciar la palabra _____.

B Habla con tu compañero/a.

1 ¿Haces gimnasia normalmente?
2 ¿Conoces algunos ejercicios saludables para el cuerpo? ¿Puedes describirlos?
3 ¿Vas a practicar esta gimnasia para la cara? ☺

Actividad 10

A Escribe algunas cosas que no has hecho todavía y que quieres hacer antes de cumplir los 50.

Cosas que no he hecho hasta ahora y quiero hacer antes de cumplir los 50.

No he dado la vuelta al mundo, es muy caro pero voy a ahorrar para hacerlo.
No he estado en las Cataratas de Iguazú; puedo ir en unas vacaciones.
_____
_____
_____
_____

B Habla con tu compañero/a sobre las cosas que no **habéis hecho todavía y queréis hacer. ¿Coincidís en algunas cosas?**

Mi compañera Ayaka y yo no hemos hecho Pilates nunca pero creemos que es muy sano para el cuerpo. Queremos practicarlo.

Ser o estar, esta es la cuestión

10

Actividad 1

A Mira el plano y completa los diálogos con las palabras del recuadro.

subes • coges • giras(2) • llegar • sigues • todo recto • a la derecha • a la izquierda

Diálogo 1:
- Perdón, por favor, ¿para ir a la calle Valladolid?
- Sí, sigues (1) _____ por esta calle. Después (2) _____ hasta la plaza de San Martín. Al (3) _____ a la plaza, coges la primera calle (4) _____, luego (5) _____ a la derecha y esa es la calle Valladolid.
- De acuerdo. Muchísimas gracias, señor.
- No hay de qué.

Diálogo 2:
- Perdón, ¿sabes dónde está el Museo de Bellas Artes?
- Sí, (1) _____ por esta calle y (2) _____ la tercera calle (3) _____. Te encuentras el Teatro Floridablanca y después (4) _____ a la izquierda y ahí está el Museo de Bellas Artes. ¿De acuerdo?
- Sí, sí, vale. Muchas gracias.
- De nada.

B Escucha y comprueba.

Ser o estar, esta es la cuestión

Actividad 2

Vas a leer dos anuncios. Selecciona la opción correcta (*a, b, c*).

Texto 1

DULCES SUEÑOS
Somos especialistas en ropa para dormir y ropa interior de señora y caballero.
Solo esta semana dos por uno en pijamas de algodón, camisetas interiores de algodón y chaquetas de lana para estar en casa.

1 En esta tienda si compro dos prendas...
  a me regalan una camiseta de algodón.
  b pago solo una.
  c me regalan una prenda en mi próxima compra.

Texto 2

EL MUNDO DE LOS REGALOS
¿Tienes un cumpleaños, una boda, un aniversario y todavía no tienes regalo? Hemos pensado en todos los detalles: tenemos regalos clásicos y también los regalos más originales y divertidos. Cosas para la casa: elegantes jarrones de cerámica y cristal, originales figuras de madera para adornar cualquier espacio, divertidos adornos para la cocina y el baño; y cosas para la belleza personal: joyas de oro y plata, pañuelos de seda y mucho más. La puerta de El Mundo de los Regalos está abierta para ti. ¡Solo tienes que entrar!

2 En esta tienda puedes comprar...
  a regalos originales.
  b ropa de fiesta para bodas.
  c solo objetos tradicionales y clásicos.

Actividad 3

Busca doce adjetivos que se utilizan para describir el carácter de las personas.

~~trabajadora~~ • maleducado • antipático
vaga • alegre • abierto • aburrido
introvertido • triste • tacaño
divertido • tranquila

10 Ser o estar, esta es la cuestión

Actividad 4

A Subraya el verbo adecuado.

*Brujita **es** una gata.*

Quiero ser perro para estar tumbado, quiero ser gato para estar más rato.

*Brujita **está** dormida.*

Celia

*Y Celia, ¿**es**/está azafata?*

1 es / está venezolana.

2 es / está alta.

3 es / está de Caracas.

4 es / está bien hoy.

5 es / está simpática.

6 es / está de pie.

7 es / está muy trabajadora.

8 es / está en un avión.

9 es / está cansada.

10 es / está hermana de Coral.

11 es / está un poco preocupada por un problema en el trabajo.

12 es / está optimista.

13 es / está rubia.

B Describe a una persona que conoces (alguien de tu familia, un/a amigo/a, un/a compañero/a de clase, tu novio/a, etc.). ¿Quién es? ¿De dónde es? ¿Qué relación tiene contigo? ¿Cómo es físicamente y de carácter? ¿A qué se dedica? ¿Dónde está ahora?

_____

_____

_____

_____

Ser o estar, esta es la cuestión

10

Actividad 5

Subraya la opción adecuada.

1 ● ¿Hay *alguno/algún* quiosco por aquí?
   ▼ No, no hay *ninguno/ningún*.
2 Sara ha ganado el *tercer/tercero* premio y Nicolás el *primer/primero*.
3 Cristóbal es un *bueno/buen* jugador de tenis. ¡Gana todos los partidos!
4 En mi país en invierno siempre hace muy *mal/malo* tiempo.
5 La familia de Andrés es una *gran/grande* familia y Andrés un amigo muy *buen/bueno*.
6 Es un *grande/gran* equipo de fútbol, va a quedar en el *primero/primer* puesto de la liga, estoy seguro.
7 No veo *ningún/ninguna* frutería cerca. Creo que voy a ir al supermercado, necesito comprar un *buen/bueno* postre para la cena de esta noche.

Actividad 6

Escribe frases con acciones que describen a los siguientes tipos de personas.

Abierto/a: Habla con todo el mundo, tiene muchos amigos y muestra sus sentimientos e ideas.

Antipático/a: _____

Educado/a: _____

Triste: _____

Generoso/a: _____

Optimista: _____

Tacaño/a: _____

Aburrido/a: _____

Alegre: _____

Ser o estar, esta es la cuestión

Actividad 7

A En parejas, completa con tu compañero/a la primera parte de estos diálogos.

1 ● _____ .
   ▼ ¡Enhorabuena!
2 ● _____ .
   ▼ ¡No me digas!
3 ● _____ .
   ▼ ¡Qué pena!
4 ● _____ .
   ▼ ¡Qué suerte!
5 ● _____ .
   ▼ ¡Qué rollo!
6 ● _____ .
   ▼ ¿De verdad?

B Ahora en parejas leed los diálogos anteriores y practicad la entonación.

Actividad 8

Vas a escuchar una noticia de Onda Meridional sobre el uso de *tú* y *usted* en español. Responde a las preguntas 1-6. Selecciona la opción correcta (*a, b, c*).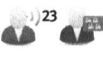

Preguntas:

1 Según el programa de radio, cuando no conocemos a una persona lo más correcto es...
   a empezar por *tú* y cambiar a *usted* si la otra persona lo pide.
   b empezar por *usted* y cambiar a *tú* si la otra persona lo pide.
   c usar siempre *tú*.

2 En el programa se dice que, con las mujeres es mejor usar...
   a siempre *usted*.
   b *tú* o *usted*. Depende de la situación.
   c siempre *tú*.

3 La primera persona entrevistada prefiere utilizar...
   a *usted*.
   b *tú*.
   c a veces *usted* y a veces *tú*.

4 Para la segunda persona entrevistada es raro usar...
   a *ustedes*.
   b *tú*.
   c *vos*.

5 El chico joven trata a las personas mayores...
   a a veces de *tú* y a veces de *usted*.
   b siempre de *usted*.
   c siempre de *tú*.

6 La última persona entrevistada normalmente solo tutea...
   a a su familia.
   b a las personas mayores.
   c a su familia, a sus amigos y a los compañeros de trabajo.

Ser o estar, esta es la cuestión **10**

Actividad 9

A **Lee estos mensajes de estudiantes de idiomas en una página web.**

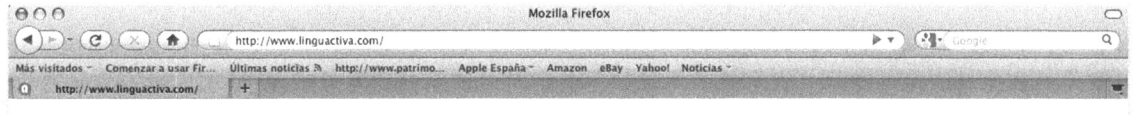

LINGUACTIVA *la página de contactos para los estudiantes de lenguas*

1 ¡Hola! Me llamo Rebeca, soy panameña de 28 años. Me gustan muchísimo los idiomas. Sé inglés, pero también estudio francés y alemán. También me encantan las plantas y las flores. Tengo un jardín muy lindo en mi casa. Creo que soy simpática, abierta y divertida. Espero sus mensajes.

2 ¡Hola a todos! Me llamo Héctor y soy argentino. Tengo 32 años, soy periodista y estudio inglés, italiano (por mis orígenes), y algunas lenguas muertas como el latín y el griego antiguo ☺. Además, doy clases particulares de latín. También me gusta mucho leer y escribir, es mi lado introvertido ;-). Busco amigos simpáticos, alegres y tranquilos. ¡Chao!

3 ¡Hola! ¿Qué tal? Soy Marta, de Ciudad Real, estudio Trabajo Social e idiomas: inglés, francés, portugués y un poquito de chino (¡he empezado este mes!). Me encanta viajar y hacer fotos de todos los lugares que visito. También colaboro con organizaciones solidarias y, en verano, normalmente viajo a otros países y ayudo a abrir escuelas y bibliotecas para los niños más pobres. Quiero contactar con amantes de los idiomas y los viajes, personas optimistas, trabajadoras y generosas.

B **Contesta.**

1 ¿Cómo crees que es Héctor?
2 ¿En qué trabaja Héctor?
3 ¿Cuáles son las aficiones de Marta?
4 ¿Qué tipo de personas busca Marta en la web?
5 ¿De dónde es Rebeca?
6 ¿Qué idiomas estudia Rebeca?
7 ¿Por qué estudia Héctor italiano?
8 ¿Qué hace Marta en verano normalmente?
9 ¿Cómo es Rebeca?

Actividad 10

Piensa en un objeto que hay en la clase o en tu bolso / cartera / mochila. Describe el color, el tamaño, el material y di para qué sirve normalmente... Tus compañeros tienen que adivinar qué es. También pueden hacerte algunas preguntas, pero tú solo puedes contestar *sí* o *no*.

● *Es grande, marrón y es de madera. Puedes abrirla y cerrarla.*
▼ *¿Es la puerta de la clase?*
● *Sí. ¡Habéis acertado!*

Nuevo Avance Básico

Hay que hacer muchas cosas

Actividad 1

A Completa el diálogo con las siguientes palabras y expresiones.

> croquetas • ronda • sin • Hoy pago yo • ¿qué van a tomar? • Marchando • pincho
> Aquí tiene • aceitunas • vienen • Aquí están

Camarero: Buenos días, (1) _____.
Clienta: Yo un tinto y un (2) _____ de tortilla de patata.
Camarero: ¿Con cebolla o (3) _____ cebolla?
Clienta: Con cebolla.
Camarero: ¿Y usted?
Cliente: Una caña* y… ¿tienen (4) _____?
Camarero: Sí, de jamón y de bacalao.
Cliente: Vale, una ración de las de jamón.
Camarero: Muy bien. Ahora mismo.

(...)

Camarero: Aquí tienen el vino y la cerveza. Enseguida (5) _____ las tapas.
Clienta: Gracias.

(...)

Cliente: ¿Nos pone otra (6) _____, por favor?
Camarero: Claro, ¿algo de comer?
Cliente: Sí, unas (7) _____.
Clienta: Yo, unas croquetas de bacalao.
Camarero: (8) _____.

(...)

Camarero: (9) _____.

(...)

Cliente: Por favor, ¿cuánto es?
Clienta: De eso nada. (10) _____.
Cliente: Bueno, otro día yo.
Camarero: 11,50, por favor.
Clienta: (11) _____.
Camarero: Gracias. ¡Adiós!

Caña: cerveza (de barril en un vaso alto y estrecho).

B Escucha y comprueba.

11 Hay que hacer muchas cosas

Actividad 2

Completa el crucigrama.

VOCABULARIO DE LA MESA

Horizontal

1 Sirve para remover el café y comer la tarta.
2 Sirve para tomar la sopa.
3 Sirve para beber agua.
4 Sirve para salar la comida.
5 Sirve para pinchar la carne, el pescado y la comida en general.

Vertical

6 Con este objeto cortamos la carne.
7 Sirve para beber el café, el té, el chocolate...
8 Es una tela para cubrir la mesa.
9 Sirve para poner la comida.
10 Sirve para beber vino, cava y otros licores.
11 Es de tela o papel y sirve para limpiarse.

Actividad 3

¿Qué va a hacer?/¿Qué está haciendo?/¿Qué ha hecho? Escribe.

Brujita va a comer.

a _____

a _____

a _____

Brujita está comiendo.

b _____

b _____

b _____

Brujita ha comido.

c _____

c _____

c _____

Nuevo Avance Básico 71

11 Hay que hacer muchas cosas

Actividad 4

Relaciona.

1 Para respirar mejor,
2 Para disfrutar de las vacaciones,
3 Para estar en forma,
4 Para conocer otras culturas,
5 Para aprobar el curso,
6 Para contaminar menos las ciudades,
7 Para dormir bien por la noche,
8 Para tener un buen día,
9 Para estar más tranquilo,
10 Para conocer algunas costumbres españolas,

a hay que hacer más deporte.
b tienes que estudiar todos los días.
c hay que viajar y leer mucho.
d tienes que dejar de fumar.
e hay que ir a los bares y comer tapas y pinchos.
f hay que relajarse.
g tienes que empezar a hacer yoga.
h hay que ir en bici y no en coche.
i tienes que dejar de tomar tanto café.
j hay que tomar un desayuno sano y completo.

Actividad 5

¿Qué están haciendo? Escribe.

La camarera está preparando un café.

Actividad 6

Relaciona las frases con su continuación.

1 Berta me cae estupendamente,
2 Ruth es un poco antipática, a veces me contesta de mala manera,
3 Jordi y su novia me caen fatal,
4 Gerardo es muy divertido. Me encanta salir con él,

a nos llevamos muy bien.
b es muy simpática.
c son muy maleducados.
d la verdad es que me llevo bastante mal con ella.

72 Nuevo Avance Básico

Hay que hacer muchas cosas

Actividad 7

Vas a escuchar cuatro conversaciones y mensajes telefónicos. Después tienes que seleccionar el enunciado (A-F) que corresponde a cada mensaje o conversación (1-4). Hay seis enunciados. Tienes que seleccionar cuatro.

ENUNCIADOS	MENSAJES
A En la Oficina Erasmus de la Universidad ahora no hay nadie.	
B Raúl no está.	
C Tienes que llamar otra vez a la Universidad.	
D Han quedado en la casa de Adela.	
E Chelo quiere hablar con Raúl.	
F La hermana de Laura no está en casa.	

Actividad 8

Vas a leer tres enunciados y cuatro textos. Después tienes que seleccionar el texto (A-D) que corresponde a cada enunciado (1-3). Tienes que seleccionar tres textos.

Enunciados	Texto
1 Los martes no abren.	
2 Puedes tomar cervezas de marcas extranjeras.	
3 Puedes encargar comida para comerla en tu casa.	

A — CASA TOÑO
- Gran variedad de pinchos (ganador de la XII edición del Festival de Pinchos), tapas, raciones, bocadillos, platos combinados, comida para llevar.
- Comida casera.
- Carta de vinos y cervezas.
- Especialidad en paellas (también por encargo).
- Lunes cerrado por descanso semanal.

B — GREEN PIZZA
- Ideal para vegetarianos enamorados de la cocina italiana.
- Pizzas, lasañas y canelones con ingredientes exclusivamente vegetales y procedentes de la agricultura ecológica.
- Pizzas cocinadas en horno de leña.
- Amplio surtido de vinos españoles e italianos.
- Estamos en la calle Correo, 22.

C — LA CASA DE LOS CAFÉS
- Especialistas en café y té: las mejores variedades del mundo.
- Desayunos especiales: zumos y batidos naturales, bollería selecta y fruta del tiempo.
- Delicioso chocolate con churros.
- Horario: de 7.30 a 20.00. Desayunos: de 7.30 a 11.00. Martes cerrado.

D — CERVECERÍA LA PALOMA
- Amplio surtido de cervezas. Cervezas de importación.
- Auténtico codillo alemán.
- Pollos asados (solo comidas y cenas de fin de semana y festivos).
- Reservas: Tel. 977860302

11 Hay que hacer muchas cosas

Actividad 9

Vas a escuchar cuatro grabaciones. Después tienes que seleccionar el enunciado (A-F) que corresponde a cada una (1-4). Hay seis enunciados. Tienes que seleccionar cuatro.

	Enunciado
1	
2	D
3	
4	

ENUNCIADOS
A Hace una petición y la justifica.
B No está de acuerdo.
C Espera una confirmación.
D Expresa agradecimiento.
E Están de acuerdo.
F Quiere ver los regalos.

Actividad 10

Tienes que hablar con tu compañero/a durante 3 o 4 minutos usando la información que hay en tu ficha. Debes recordar el uso de *es que* y *porque*.

Alumno A: *Yasushiro, ¿vamos al cine el lunes por la tarde?*
Alumno B: *El lunes..., no, no puedo, es que voy a ir a un concierto de Jarabe de Palo. ¡Me gustan mucho!*

FICHA A

Quieres quedar con tu compañero/a un día de la semana que viene para ir al cine. Tenéis que encontrar un día para ir juntos y llegar a un acuerdo.
Esta es tu agenda para la semana próxima:

Lunes: A las 10.00 curso de español. A las 17.00 visita a la exposición «Praxis» en el Museo de Arte Contemporáneo.
Martes: Tarde de bares y picoteo con los amigos (¡visitamos La Cueva!).
Miercoles: Curso de español y excursión a Aranjuez por la tarde, con los compañeros.
Jueves: Rebajas en Zara. Comida con Antonio y Charlotte en su casa. Biblioteca por la tarde.
Viernes: Curso de español. Tarde libre.
Sábado: Piscina. A las 18.00 café con Claudia y Jeiran.
Domingo: ¡Dormir, dormir, dormir! Tarde libre.

FICHA B

Quieres quedar con tu compañero/a un día de la semana que viene para ir al cine. Tenéis que encontrar un día para ir juntos y llegar a un acuerdo.
Esta es tu agenda para la semana próxima:

Lunes: Curso de español. Concierto de Jarabe de Palo en la Sala Trump.
Martes: Clase de conversación con Esperanza a las 11.00. Por la tarde Biblioteca y Skype para hablar con Margot.
Miercoles: Curso de español. Clase de tango a las 16.00 y unos vinos con Fernando, Stella y Daniel en La Enoteca.
Jueves: Excursión todo el día a Toledo.
Viernes: Exposición fotográfica "Terra" (termina hoy). Tarde libre.
Sábado: Hacer la compra. Por la tarde ver el partido de Champions en la tele. Cena con Myrta.
Domingo: Partido de fútbol con los amigos. Estudiar español toda la tarde.

11 Hay que hacer muchas cosas

Actividad 11

A Lee.

La tecnóloga de alimentos, Carmen de Vega Castaño, escribe este artículo sobre las denominaciones de origen y el queso Idiazabal.

Los alimentos forman parte de la identidad de un país, como la lengua, y, a veces, son iconos culturales.
Tradicionalmente asociamos a España con el jamón, el queso, el vino, el aceite de oliva, el cava y, cómo no, con las naranjas, los tomates, los espárragos...
Saber de ellos ayuda a conocer qué son, cómo se elaboran, cuándo se consumen y dónde se encuentran. E incluso puede animarte a visitar una zona por su ruta gastronómica.
En la Unión Europea (UE) hay más de mil productos protegidos con Marcas de Calidad: Denominación de Origen (D.O.), Indicación Geográfica Protegida (I.G.P.), Especialidad Tradicional Garantizada (E.T.G.), etc.
En España hay muchas denominaciones de origen y, concretamente en el País Vasco, tenemos varios de estos alimentos: vino, chacolí, alubias, etc. Pero de todos ellos, tengo un cariño especial al queso con denominación de origen (D.O.) Idiazabal.
Los pastores del País Vasco y parte de Navarra elaboran este queso con leche cruda de oveja. La leche está dos meses madurando. Así desarrolla sabores y aromas característicos. Se vende ahumado y sin ahumar.
Idiazabal es una localidad de Guipúzcoa. Está rodeada de montes, su clima es templado. Tiene un Museo dedicado a este producto y al mundo de los pastores y queseros.
Un sello Denominación de Origen (D.O.) protege el origen, el modo de elaboración y la calidad del producto y, por ello, en el queso D.O. Idiazabal, la oveja nace, come y pasta en el País Vasco.
Además de una cuidada elaboración, el queso Idiazabal pasa un control de calidad. Este control es doble. Hay un control sanitario y otro sensorial. Un juez experto y entrenado, que conoce el producto, diferencia el queso por su olor, su sabor, su textura. Esto es una cata: un control sensorial. El queso con una puntuación alta obtiene el sello D.O. Los quesos con puntuación baja no ganan la calificación de la D.O. y no se venden con esta marca de calidad.
Así que puedes venir al País Vasco y pedir un pincho con queso Idiazabal en un bar o restaurante. También comemos el queso de postre, con membrillo.

B Contesta.

1 Según la autora del artículo, ¿cuáles son los alimentos tradicionalmente asociados a España?
2 ¿Cuántos productos protegidos con Marcas de Calidad hay en la Unión Europea?
3 ¿En qué comunidad autónoma se produce el queso Idiazabal?
4 ¿De qué animal procede la leche del queso Idiazabal?
5 ¿Cuántos controles pasa el queso Idiazabal?
6 ¿Qué es una cata?
7 Puedes comer el queso Idiazabal de postre, solo, o con otro alimento. ¿Cuál?

C Comenta con tu compañero/a.

1 En tu país, ¿es habitual comer el queso de postre?
2 ¿Conoces otros productos españoles con denominación de origen? ¿Cuáles?
3 ¿Existen las denominaciones de origen en tu país?

De viaje

12

Actividad 1

Una locutora de Onda Meridional ha salido a la calle para preguntar a algunas personas sobre sus últimas vacaciones. Escucha, lee las preguntas y completa.

	Maribel	Sonia	Quique
¿Adónde fueron?			
¿Cuándo?			
¿Cómo?			
¿Con quién?			
¿Dónde se alojaron?			

Actividad 2

Completa este diálogo en un restaurante con las siguientes palabras y expresiones.

> su mesa • merluza a la plancha • lleva • una cerveza • natillas
> ¿nos trae la cuenta? • mesa reservada • de primero
> ¿Van a tomar postre? • dos solos • para beber • la carta • ¿de segundo?

- Hola, buenas tardes. ¿Tienen (1) _____?
- Buenas tardes. Sí, llamamos ayer para reservar.
- ¿A nombre de quién?
- De Julián Sánchez.
- Son dos personas, ¿verdad?
- Sí, nosotros dos.
- Aquella es (2) _____.
- Gracias.

- ¿Van a comer el menú o prefieren (3) _____?
- El menú, por favor.
- Ahora mismo.

- ¿Ya han elegido?
- Sí, yo (4) _____ una ensalada..., ¿qué (5) _____ la ensalada tropical?

- Aguacate, piña y kiwi.
- ▼ Bien, pues para mí una ensalada tropical.
- ¿Y usted?
- ▼ Yo, gazpacho.
- Muy bien. Y (6) _____.
- ■ Yo (7) _____.
- ▼ Y yo los huevos revueltos con champiñones.
- Y, ¿qué les pongo (8) _____?
- ■ Vino blanco para mí.
- ▼ Yo quiero (9) _____.
- De acuerdo.

- (10) _____.
- ■ ¿Qué tienen?
- Copa de helado, mousse de chocolate, natillas, flan de la casa, crema catalana y fruta del tiempo.
- ■ Pues yo unas (11) _____.
- ▼ Para mí una copa de helado de vainilla.
- Muy bien. ¿Van a tomar café?
- ▼ Sí, (12) _____, por favor.

- ▼ Camarero, por favor, (13) _____.
- Enseguida.

Actividad 3

A Completa el crucigrama con las formas de pretérito indefinido.

Horizontal

1. Empezar, tú
2. Ser, ir, ellos, ellas, ustedes
3. Dormir, vosotros/as
4. Viajar, nosotros/as
5. Beber, él, ella, usted
6. Llegar, yo
7. Ver, tú
8. Levantarse, nosotros/as
9. Morir, él, ella
10. Ganar, vosotros/as
11. Dar, yo
12. Dormir, ellos, ellas, ustedes
13. Dar, nosotros/as

Vertical

1. Escribir, ellos, ellas, ustedes
2. Ser, ir, vosotros/as
3. Jugar, yo
4. Practicar, yo
5. Nacer, él, ella, usted
6. Nacer, yo
7. Morir, ellos, ellas

B Escribe diez oraciones con los verbos en pretérito indefinido más difíciles de recordar para ti.

1. _____.
2. _____.
3. _____.
4. _____.
5. _____.
6. _____.
7. _____.
8. _____.
9. _____.
10. _____.

12 De viaje

Actividad 4

Ordena estos marcadores temporales desde el más cercano al presente al más alejado.

el año pasado
~~anoche~~
el 15 de enero de 1968
en el siglo XVI
anteayer
el verano pasado
la semana pasada
en la Navidad de 2011
hace un mes
ayer
hace diez años
en 1933
el otro día

anoche — presente

Actividad 5

Completa con información personal.

1 Hace dos años _____.
2 Anoche _____.
3 El sábado pasado _____.
4 Nací en _____.
5 La semana pasada _____.
6 Viajé por primera vez a otro país _____.
7 Ayer _____.
8 Mis padres se casaron en _____.
9 La última vez que salí a cenar fuera fue _____.
10 Empecé a estudiar español _____.

Actividad 6

A Lee.

El especialista en música rock, Ricardo Piña, nos cuenta la vida de un importante músico latino: Carlos Santana.

Carlos Santana nació en Autlán de Navarro, Jalisco, México, el 20 de julio de 1947. Hijo de un mariachi*, empezó tocando el violín, pero pronto lo cambió por la guitarra y se interesó por el rock y el blues. Llegó a San Francisco en pleno movimiento *hippy*, a finales de los años 60. El éxito fue total. Su música, mezcla de rock, blues, ritmos latinos y africanos, alcanzó una gran popularidad. Grabó el disco *Santana I* en 1969. Al año siguiente publicó el disco *Abraxas*, su éxito definitivo en crítica y ventas. Canciones como *Jingo, Oye cómo va, Samba pa ti, Guajira* o *Black Magic Woman* son himnos de la música latina.
Otros discos importantes son *Lotus, Moonflower, Amigos* o el más reciente *Supernatural*. En los últimos años ha colaborado con otros artistas como John Lee Hooker, Shakira o el grupo de rock mexicano Maná con su famoso *Corazón espinado*.

Carlos Santana es, además, un hombre comprometido con los niños, los pobres, la espiritualidad y la música y, por supuesto, un pionero* e icono de lo que llamamos música e identidad latinas.

Si quieres escuchar la canción *Oye cómo va*, puedes entrar en:
http://www.youtube.com/watch?v=LpPb2cVswlI&feature=related

Para aclarar las cosas:
Mariachi: persona que toca en una orquesta de música popular de Jalisco (México).
Pionero/a: persona que hace los primeros descubrimientos o los primeros trabajos en una actividad determinada.

De viaje

12

B **Contesta.**

1 ¿Cuántos años tiene Carlos Santana? _____.
2 ¿Cuándo llegó a San Francisco? _____.
3 ¿Qué pasó en 1969? _____.
4 ¿Cuándo publicó el disco *Abraxas*? _____.
5 ¿Con qué artistas ha colaborado últimamente? _____.

C **Habla con tu compañero/a.**

1 ¿Sabes más cosas de la música española e hispanoamericana?
2 ¿Te gusta la música latina?
3 ¿Conoces a otros cantantes y grupos latinos? ¿Quién te gusta más?

Actividad 7

Completa con el posesivo adecuado.

1 ● Ese Cola Cao es el (de mí) _____ . El (de ti) _____ es el *light*.
 ▼ Vale, ¡gracias!
2 ● (De vosotras) _____ lengua materna es el catalán, ¿no?
 ▼ Sí, la (de mí) _____ sí, pero la lengua materna de Montse es el castellano.
3 ● Pedro, ¿con quién vas normalmente de vacaciones?
 ▼ Casi siempre con (de mí) _____ padres, pero el año pasado fui con (de mí) _____ mejor amigo, Pablo.
4 ● (*En un restaurante*) Esa mesa es la (de ustedes) _____ .
 ▼ Gracias.
5 ● ¿De quién es esta maleta? ¿Es (de usted) _____ ?
 ▼ No, no es (de mí) _____ No sé...
6 ● (De ellos) _____ tíos son canarios.
 ▼ ¡Qué casualidad! (De mí) _____ abuelos también.
7 ● ¿Dormisteis en (de ella) _____ casa?
 ▼ Sí, llegamos muy tarde a Cádiz y no encontramos habitación, pero Tere es un ángel y nos invitó a (de ella) _____ casa.
8 ● Belén, ¿es (de ti) _____ esta chaqueta?
 ▼ No, no es (de mí) _____ , creo que es (de ella) _____ .
9 ● Ese hotel es el (de vosotros) _____ , ¿verdad?
 ▼ No, el (de nosotros) _____ es aquel.

Actividad 8

Escribe en letras los siguientes números.

1 **3 002** *Tres mil dos*
2 **3 143** _____
3 **3 822** _____
4 **4 555** _____
5 **5 672** _____
6 **7 892** _____

7 **9 148** _____
8 **100 105** _____
9 **325 188** _____
10 **854 276** _____
11 **1 742 478** _____
12 **1 931 694** _____

Actividad 9

Vas a escuchar una noticia de Onda Meridional sobre las cataratas de Iguazú. Responde a las preguntas 1-6. Selecciona la opción correcta (*a*, *b* o *c*).

1 La intención de esta noticia es:
 a informar sobre la geografía de Argentina y Brasil.
 b informar sobre las cataratas de Iguazú como posible destino turístico.
 c informar sobre las vacaciones habituales de los oyentes.

2 Las cataratas de Iguazú:
 a están en Argentina solamente.
 b están próximas a Brasil.
 c están entre Argentina y Brasil.

3 En el lado brasileño podemos:
 a admirar y ver las cataratas.
 b pasear.
 c coger el tren.

4 En los paseos por las cataratas de Iguazú:
 a hay mucha niebla.
 b hay una lluvia fina y permanente.
 c normalmente hay tormentas.

5 Para acceder a la Garganta del Diablo tenemos que:
 a coger una barca.
 b coger un tren y andar.
 c coger el Tren de las Cataratas.

6 En el sendero Macuco se puede:
 a llegar al salto más alto de las cataratas.
 b ir en tren.
 c ver la selva y muchos animales.

Actividad 10

A Lee el correo electrónico que Beatriz ha enviado a Gabriel. Después contesta a las preguntas 1-5 y marca la opción correcta (*a*, *b* o *c*).

Para: beatriz@smail.com
Cc: gabrielmartin58@smail.com
Asunto: Vitoria

¡Hola, Gabriel!
¿Qué tal? ¡Te escribo desde Vitoria! Llegamos el lunes a mediodía y desde entonces hemos hecho un montón de cosas. Bueno, el lunes descansamos, pero el martes visitamos el Casco Viejo, que es medieval y muy bonito. Salimos de la plaza de la Virgen Blanca y después recorrimos todas las calles antiguas. Vimos la Catedral de Santa María y nos gustó mucho. Ese día comimos en El Caserón, un restaurante estupendo. Además, nos montamos en un tren turístico y fuimos al centro, donde Ana compró muchas cosas (¡tenemos una sorpresa para ti!). Y fuimos a un museo muy curioso: el Museo de los Faroles.

El miércoles fuimos de museos: visitamos el Museo Artium, de arte contemporáneo, y el Museo de Arte Sacro, que nos encantó. También paseamos por el parque de la Florida. Tenemos la suerte de que es julio y hace bueno.

Ayer salimos de la ciudad y dimos un paseo en bici por una zona verde que se llama Salburua. Por la noche salimos a tomarnos unos pinchos y bebimos unas cervezas por la calle Dato. Y hoy he ido yo sola (Ana está muy cansada) a ver una iglesia pequeñita muy bonita que se llama Basílica de Armentia y que está en el campo, fuera de la ciudad. Te mando unas fotos (hemos hecho un montón ☺).

¡Mañana volvemos a Madrid, así que nos vemos muy pronto!

Muchos besos,
Beatriz

1 Beatriz escribe el correo electrónico:
   a En primavera.
   b En verano.
   c En otoño.

2 Beatriz y Ana comieron en El Caserón:
   a El martes a mediodía.
   b El lunes a mediodía.
   c El martes por la noche.

3 El Museo que les ha gustado mucho es:
   a El Artium.
   b El Museo de Arte Sacro.
   c El Museo de los Faroles.

4 Ayer Beatriz y Ana:
   a Caminaron mucho por Salburua.
   b Desayunaron en un bar de la calle Dato.
   c Montaron en bicicleta.

5 Hoy Beatriz:
   a Ha visitado una iglesia.
   b Ha ido un pueblo.
   c Se ha quedado descansando en el hotel.

B **Estas han sido las últimas vacaciones de Beatriz y Ana. Y, ¿cuándo fueron las tuyas? Pregunta a tu compañero/a y contesta a sus preguntas.**

¿Cuándo fue la última vez que...

1 viajaste a otro país o a otra ciudad?

2 visitaste un museo?

3 montaste en avión?

4 fuiste de camping?

5 fuiste a un concierto?

¿Qué te gustó más? ¿Qué te gustó menos?

Un poco de nuestra Historia

Actividad 1

En Onda Meridional han entrevistado hoy al escritor Guillermo Naveda. Escucha, lee los enunciados y di si es verdadero o falso.

	V	F
1 Guillermo Naveda pasó su infancia en Santiago.		
2 A los 14 años se trasladó a Valparaíso.		
3 La mujer de Guillermo Naveda es actriz.		
4 Trabajó como periodista en Valparaíso.		
5 Volvió a Santiago en 1962.		
6 Su hija mayor nació en 1965.		
7 La familia se exilió en España en 1973.		
8 La familia volvió a Chile después de la dictadura.		

Palacio Presidencial de la Moneda (Santiago de Chile)

Actividad 2

ALUMNO A

A En parejas, completad los crucigramas A y B con las formas de pretérito indefinido. A pregunta y B contesta. Tienes que decir el verbo en infinitivo y la persona.

1. PUDE
5. ESTUVIERON
9. TUVISTEIS
13. REPETISTE
18. CONOCÍ
19. PUSIMOS

(2 ↓) TUVE o similar
(4 ↓) TCCIÓ
(8 ↓) PDIÓ
(11 ↓) HUBO
(15 ↓) U

82 Nuevo Avance Básico

Un poco de nuestra Historia

ALUMNO B

Alumno A: *¿Qué verbo hay en 2 vertical?*
Alumno B: *Decir, yo.*
Alumno A: *¿Dije?*
Alumno B: *Sí, **dije** es correcto.*

B Ahora tenéis que escribir en la columna adecuada, según el acento, las formas verbales de 1.ª y 3.ª persona singular, según el acento. Practicad la pronunciación de esos verbos.

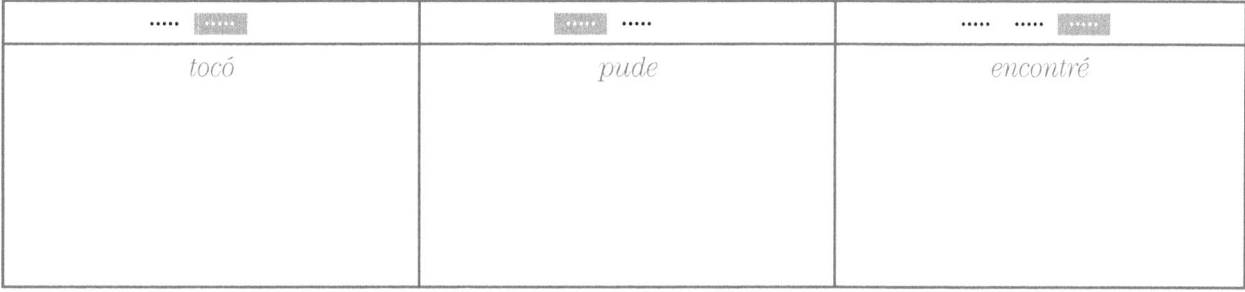

tocó	pude	encontré

13 Un poco de nuestra Historia

Actividad 3

A **Lee y contesta las preguntas.**

Alfonso X el Sabio y la Escuela de Traductores de Toledo

Alfonso X fue rey de Castilla y León en el siglo XIII. Nació en Toledo en 1221 y murió en Sevilla en 1284. Se casó en 1249 con Violante, hija del rey de Aragón. Como político no tuvo mucho éxito, pero fue muy importante para la cultura de su época. Este rey continuó con la obra de la Escuela de Traductores de Toledo e impulsó la colaboración de estudiosos occidentales (cristianos) y orientales (árabes y judíos).

Los árabes tradujeron, estudiaron y conservaron las obras más importantes de las culturas griega, persa e india, y las trajeron hasta la península Ibérica. Los sabios cristianos, musulmanes y judíos, reunidos en la Escuela de Traductores de Toledo, llevaron a toda la Europa medieval todas estas obras de filosofía y ciencia.
Por esta razón, muchas veces se dice de Toledo que es la ciudad de las «tres culturas» y a Alfonso X se le llama «el Sabio».

1 ¿Quién fue Alfonso X? ¿Qué otro nombre tiene?

2 ¿Cuándo y dónde nació?

3 ¿Por qué destacó la labor cultural de Alfonso X?

4 ¿Cuáles son las llamadas «tres culturas» de Toledo?

B **Escribe una breve biografía de un personaje importante de tu país (un personaje histórico, un/a político/a, un/a artista, un/a escritor/a, un/a deportista, un/a cantante, un actor o actriz, etc.).**

Un poco de nuestra Historia

Actividad 4

Relaciona los personajes, los acontecimientos, las acciones y las fechas. Luego, en parejas, escribid oraciones.

Gabriel García Márquez • Gandhi • El muro de Berlín • Galileo
La Revolución francesa • Magallanes • Simón Bolívar

1989 • 1783 • 1789 • 1982
1609 • 1519 • 1947

nacer • construir el primer telescopio • caer
conseguir la independencia de la India • ganar el Premio Nobel de Literatura
estallar • dar la primera vuelta al mundo

1 *Gabriel García Márquez ganó el Premio Nobel de Literatura en 1982*.
2 _____.
3 _____.
4 _____.
5 _____.
6 _____.
7 _____.

Actividad 5

A Subraya el indefinido correcto.

1 *algo* / *algo de* carne picada
2 *mucho* / *mucha* / *muchos* / *muchas* leche
3 *algún* / *alguna* / *algunos* / *algunas* salchichas
4 *ningún* / *ninguna* tomate
5 *nada* / *nada de* queso
6 *poco* / *poca* / *pocos* / *pocas* pollo
7 *algún* / *alguna* / *algunos* / *algunas* ajos
8 *ningún* / *ninguna* mango
9 *mucho* / *mucha* / *muchos* / *muchas* kiwis
10 *algo* / *algo de* café

B Completa con *alguien*, *algo*, *todo*, *nadie*, *nada*.

1 ● ¿Va a ir _____ al mercado esta mañana?
   ¡No tenemos _____!
   ▼ Sí, creo que va a ir Luis a comprar _____.
   ● Vale, ¡qué bien!, porque en este piso _____ se ocupa de llenar la nevera.

2 ● Buenos días, ¿qué le pongo?
   ▼ Medio kilo de pechugas de pollo y un kilo de chuletitas de cordero.
   ● Aquí tiene. ¿_____ más?
   ▼ No, _____ más. ¿Cuánto es _____?
   ● 18,22 euros.

13 Un poco de nuestra Historia

Actividad 6

A Lee.

Los exploradores españoles encontraron en América muchas plantas desconocidas para ellos y que hoy son fundamentales en la alimentación del mundo entero. Pero ninguno de estos nuevos vegetales ha tenido tanta importancia como las patatas o *papas* (se llaman así en Hispanoamérica y en las islas Canarias).

Las primeras patatas (procedentes de Perú) llegaron a España en 1560. En un primer momento los europeos consideraron a la patata una planta exótica y decorativa de jardín, y mucho tiempo después empezaron a usarla en la cocina. Hay dos formas de prepararlas que destacan especialmente: una de origen anglosajón, las patatas fritas o *chips,* y otra española, la tortilla de patatas.

B Contesta y habla con tu compañero/a.

1 ¿Cómo se dice *patata* en tu lengua?

_____ .

2 ¿Has probado la tortilla de patatas? ¿Te gusta? ¿Sabes cómo se hace y qué ingredientes lleva?

_____ .

Si no lo sabes, estos son los ingredientes para cuatro personas: cuatro o cinco patatas medianas, media docena de huevos, una cebolla, aceite de oliva y un poco de sal.

C Relaciona. Las medidas pueden relacionarse con más de un alimento.

1 Un litro
2 Medio kilo
3 Una lata
4 Una caja   de
5 Una bolsa
6 Un paquete
7 Una botella

zanahorias
arroz
galletas
sardinas
vino
cebollas
aceite
patatas
leche
atún
café
agua
pasta
salchichas

1 _____ .
2 _____ .
3 _____ .
4 _____ .
5 _____ .
6 _____ .
7 _____ .

Un poco de nuestra Historia **13**

D Escribe los ingredientes que necesitas para una receta típica de tu país o una receta que a ti te gusta mucho (para cuatro personas).

NOMBRE DE LA RECETA:

PAÍS:

INGREDIENTES:

Actividad 7

Vas a escuchar una conversación entre dos personas. Después tienes que seleccionar la imagen *a - h* que corresponde a cada enunciado 1 - 5. Tienes que seleccionar cinco imágenes.

1 Lugar de la conversación	
2 Estela quiere comprar...	
3 Le gusta mucho a Juan...	
4 Juan sabe tocar...	
5 El tiempo es...	

a

b

c

d

e

f

g

h

Nuevo Avance Básico 87

Un poco de nuestra Historia

Actividad 8

¿Te acuerdas del viaje de Beatriz y Ana a Vitoria en la Unidad 4? Entre otros muchos lugares, visitaron el Museo Diocesano de Arte Sacro; en este museo hay muchas esculturas, pinturas y retablos. María Endara es historiadora del Arte y ha escrito este texto sobre la historia de unas obras de arte muy características del mundo hispano: los retablos.

A Lee.

Unas obras de arte espectaculares: los retablos

Los retablos son unas obras de arte que durante siglos han adornado las iglesias católicas. Son como un libro en imágenes para las personas que no sabían leer.
Hay un refrán que se puede aplicar a los retablos: «una imagen vale más que mil palabras».
Los retablos tienen muchas piezas de madera montadas como un puzle, sin usar ningún clavo. Hacer un retablo es un trabajo complicado y en la construcción participa un gran equipo de artistas especializados: un **arquitecto** diseña y dirige toda la obra; un **ensamblador** (carpintero) hace todas las piezas de madera y monta la estructura; un **escultor** talla toda la decoración y las esculturas; y por último, un **pintor** se encarga de cubrirlo de oro y pintarlo.
Muchos retablos se hicieron en tres o cuatro años de trabajo y costaron mucho dinero. En las catedrales importantes, como las de Toledo o Sevilla, están los retablos más grandes y más ricos, pero casi todas las iglesias tienen uno.
Los retablos se construyeron entre los siglos XI y XIX, pero los más importantes son de los siglos XVI, XVII y XVIII. Los de esta época pueden tener hasta 25 m de altura y están cubiertos de oro.

B ¿Verdadero o falso?

	V	F
1 Los retablos son obras de arte de contenido religioso.		
2 Los artistas que componen los retablos montan las piezas con clavos.		
3 El escultor se encarga de pintar el retablo.		
4 Los retablos más importantes son de los siglos XI y XIX.		

C Contesta y habla con tu compañero/a.

1 ¿Te gusta el arte?

2 ¿Con qué frecuencia visitas museos?

3 ¿Conoces algún museo de España o de Hispanoamérica? ¿Cuáles?

4 ¿Crees que el arte refleja la historia de un país o de una cultura?

Actividad 9

Esta es tu agenda del sábado pasado. Hoy es lunes: escribe en la página de tu diario lo que hiciste el sábado. Tienes que comentar:

- Qué hiciste y a qué hora.
- Con quién estuviste y dónde fuiste.
- Cómo lo pasaste, si te gustó o no.

Un poco de nuestra Historia

13

☐	9:00	–
☐	10:00	Piscina
☐	11:00	–
☐	12:00	Supermercado
☐	13:00	–
☐	14:00	Comida en Green Pizza con Eva
☐	15:00	–
☐	16:00	–
☐	17:00	Comprar regalo para Rosa
☐	18:00	–
☐	19:00	Terminar el trabajo de Historia
☐	20:00	Llamar a Rafa (para ir juntos a la fiesta)
☐	21:00	Fiesta de cumpleaños de Rosa

Lunes, 9 de mayo
Querido diario...

Actividad 10

A **Busca información sobre el año en el que naciste (cuatro o cinco acontecimientos históricos de tu país y de otros países). Después, prepara una breve exposición para la clase. También puedes llevar fotos.**

B **Podéis hacer un mural con la información y las fotos de los años de nacimiento de toda la clase.**

Nuevo Avance Básico

¡Qué tiempos aquellos!

Actividad 1

María y su madre están mirando fotografías del álbum familiar. La madre de María tiene 78 años. Escucha y relaciona cada diálogo con las fotos correspondientes.

Diálogo 1

Diálogo 2

Diálogo 3

Diálogo 4

Actividad 2

A Lee los diálogos entre María y su madre. Subraya las formas verbales del tiempo nuevo que has aprendido en esta unidad, el pretérito imperfecto, y escribe el infinitivo y la conjugación en todas las personas.

Diálogo 1:

- Mira esta foto en casa de la abuela. ¿Te acuerdas de cuando <u>celebrábamos</u> allí la Navidad?
- Sí, sí, claro que me acuerdo. Los niños poníamos adornos en el árbol, cantábamos villancicos y esperábamos los regalos del día de Reyes.
- Y comíamos cosas muy ricas. Tu abuela y yo pasábamos todo el día cocinando.

Diálogo 2:

- Mira, María, aquí estás tú en la escuela.
- ¡Ay, qué recuerdos! Esta era la señorita Alicia y me acuerdo del nombre de todas las niñas: Ana, Mari Mar, Mari Luz, Elena... En aquella época los niños y las niñas estábamos separados, había aula de niños y aula de niñas. Me gustaba mucho la escuela, sobre todo la clase de lengua.

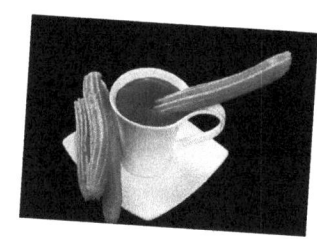

Diálogo 3:
- Mira, estos son los abuelos el día de su boda.
- ¡Qué foto tan antigua! ¡Y la abuela lleva un vestido negro!
- Sí, en aquellos tiempos era normal. Muchas novias se vestían de negro, muy elegantes.
- Pero aquí, en vuestra boda, tu vestido es blanco.
- Sí, claro. Papá y yo nos casamos en 1961. En esa época las novias ya iban de blanco.
- ¡Qué guapos!

Diálogo 4:
- Mira esta foto: tu hermano y tú en tu fiesta de cumpleaños. Eras muy pequeña, aquí..., tenías unos tres o cuatro años.
- ¡Qué bonitos eran aquellos cumpleaños! ¿Verdad? Venían todos los primos y los amiguitos a casa, tomábamos chocolate con churros y la tarta para soplar las velas. Después, jugábamos toda la tarde, bailábamos, cantábamos, nos reíamos mucho.

Celebrar: celebraba, celebrabas, celebraba, celebrábamos, celebrabais, celebraban.

B En parejas, habla con tu compañero/a.

1 ¿Cómo pasabas tú la Navidad (u otra fiesta importante de tu país o cultura) cuando eras pequeño/a? ¿Qué cosas solías hacer normalmente?
2 ¿Cómo era tu escuela? ¿Cómo era el/la profesor/a? ¿Te gustaba ir a la escuela? ¿Cuál era tu asignatura favorita? ¿Llevabas uniforme?
3 ¿Cómo eran las bodas antes en tu país? ¿Cómo son ahora? ¿Han cambiado mucho?
4 ¿Cómo eran tus fiestas de cumpleaños y las de tus amigos/as cuando eras niño/a?

Si algo te ha sorprendido, puedes contarlo al resto de la clase.

14 ¡Qué tiempos aquellos!

Actividad 3

A Busca los siguientes muebles, electrodomésticos y complementos del hogar.

W	O	L	U	M	P	Y	N	G	A	L	F	O	M	B	R	A	D	E
P	G	T	U	F	L	Ó	R	E	R	O	K	E	M	O	L	U	R	O
O	Q	S	C	I	H	A	E	R	H	U	Ñ	E	S	A	S	F	I	E
A	V	B	N	C	U	M	O	P	E	Y	L	U	E	P	P	Z	A	D
R	S	E	L	I	D	E	D	O	U	M	A	L	W	O	E	A	Z	A
M	U	O	F	E	F	A	G	I	T	S	V	F	O	F	X	J	A	R
A	C	V	B	I	V	A	S	L	A	V	A	B	O	F	I	F	O	W
R	V	X	Z	A	S	D	I	N	A	Q	V	I	V	A	H	O	Ñ	O
I	A	S	X	C	V	B	I	Z	E	Z	A	N	I	Ñ	A	W	Q	C
O	B	I	P	F	R	T	B	R	U	B	J	I	T	A	V	A	F	Y
M	L	S	C	B	R	I	C	A	R	D	I	B	O	A	N	Z	Q	E
C	O	N	C	O	M	P	I	E	D	B	L	F	P	A	I	R	B	C
H	O	P	C	I	N	M	Y	R	G	H	L	B	B	Ñ	A	E	V	A
S	E	V	L	C	A	F	E	T	E	R	A	Á	L	A	B	R	U	M
T	E	S	T	A	N	T	E	R	Í	A	S	L	K	F	P	I	B	A

estantería
cafetera
alfombra
cama
sábana
lavavajillas
~~armario~~
cortinas
lavabo
espejo
colchón
florero

B Completa.

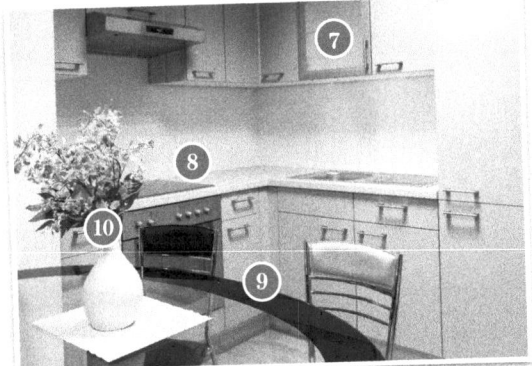

Hola, me llamo Lorena y este mes mi novio y yo nos hemos cambiado de piso. Ahora vivimos en el centro. Es un piso pequeño pero muy moderno y bonito. A mi novio le encanta el salón para leer y ver la tele. Hay un **(1)** _____ muy cómodo, una **(2)** _____ y unas **(3)** _____, una **(4)** _____ muy grande y original en el suelo y dos **(5)** _____ para los libros. También hay una **(6)** _____ de pie.

La cocina es funcional y moderna, no la usamos mucho porque a menudo comemos fuera por el trabajo, pero tiene **(7)** _____ grandes, la **(8)** _____ y una **(9)** _____ redonda. En la mesa nos gusta tener siempre algún **(10)** _____ como decoración.

Mi parte favorita de la casa es nuestro dormitorio, porque es muy luminoso. La **(11)** _____ es muy grande y cómoda, con un **(12)** _____ muy bonito. Hay algunos **(13)** _____ en la pared. Junto a la cama hay una **(14)** _____. La ventana es muy grande y las **(15)** _____ son blancas.

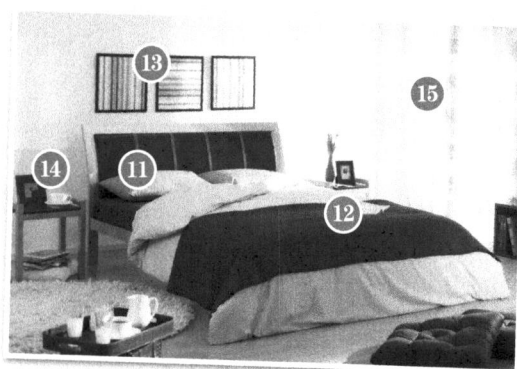

C En parejas, habla con tu compañero/a.

1. ¿Qué hay en tu cocina?
2. ¿Cómo es tu dormitorio?
3. Y, ¿tu cuarto de baño?

¡Qué tiempos aquellos! 14

Actividad 4

A Lee.

A Luisa le gusta mucho su casa. Antes, cuando era más joven, dedicaba mucho tiempo a limpiarla y ordenarla. Ahora también, pero lo hace a otro ritmo, sin prisas.
Le gusta mucho su dormitorio porque tiene unos muebles antiguos preciosos y están en muy buen estado: la cama, el armario y la mesilla. Siempre tiene flores y plantas en las ventanas, también en la cocina e incluso en el baño. Le encantan. En el pasillo tiene dos cuadros muy bonitos.
En el salón tiene dos sofás muy elegantes, una mesa de centro sobre una alfombra muy bonita y un gran espejo. El salón está lleno de recuerdos y hay muchas fotografías. A veces se sienta en uno de los sillones y mira los álbumes de fotos: allí está toda su vida, cuando vivía en el pueblo de joven con sus hermanas, las fotos de su boda y de sus hijos cuando eran pequeños. También mira las fotos de su nieto Sergio cuando era un bebé, y que ya tiene veintiún años. Ahora Luisa vive sola con su gatita y piensa, a menudo, "¡Cómo pasa el tiempo!"

B Contesta.

1 A Luisa le gusta
  a enseñar su casa.   b cuidar de su casa.

2 El dormitorio de Luisa es
  a moderno.   b clásico.

3 En su casa hay
  a muchas flores.   b muchos cuadros.

4 Suele mirar fotografías
  a en la cocina.   b en el salón.

5 Luisa vive ahora en el mismo lugar de cuando era joven.
  a Sí.   b No.

6 El nieto de Luisa
  a tiene veintiún años.   b es un bebé.

Actividad 5

Relaciona estos problemas de salud con los remedios.

1 *Tengo dolor de cabeza.*	a Hacer pilates y natación.
2 Estoy muy estresado/a.	b Tomar una infusión relajante antes de ir a la cama.
3 Tengo una herida en el dedo.	c *Tomar una aspirina.*
4 Me duelen los oídos.	d Meterlos en agua caliente con sal.
5 No puedo dormir.	e Tomar antibiótico y beber zumo de limón con miel.
6 Me duele la garganta.	f Tomar una manzanilla.
7 Tengo dolor de estómago.	g Ir a un balneario o a un *spa*.
8 Tengo fiebre.	h Tomar antibiótico y ponerse unos tapones de algodón.
9 Me duelen las muelas.	i Sentarse o tumbarse y poner las piernas en alto.
10 Estoy mareado/a.	j Tomar un jarabe y leche caliente con miel.
11 Me duele la espalda.	k Ponerse una tirita.
12 Tengo tos.	l Ir al dentista.
13 Me duelen los pies.	m Acostarse, descansar y beber agua y zumos.

Nuevo Avance Básico

14 ¡Qué tiempos aquellos!

Actividad 6

Completa el diálogo entre una médico y un paciente.

> estresado • una dieta equilibrada • al día • una receta • legumbres
> me duele • un bocadillo • gimnasia • le pasa • unos análisis de sangre

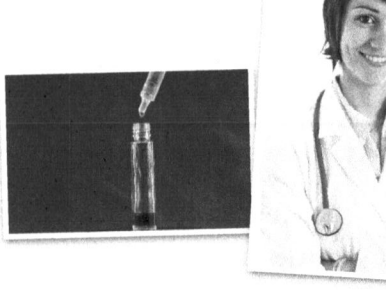

- Buenos días.
- ▼ Buenos días, doctora Sanz.
- ¿Qué (1) _____?
- ▼ Llevo unos días que no me encuentro bien, pero sobre todo ayer, cuando me levanté, estaba muy cansado y sin fuerzas. No pude hacer nada en toda la mañana. Y además me siento triste y con poco ánimo. (2) _____ la cabeza y me mareo.
- ¿Come usted bien? ¿Hace (3) _____?
- ▼ Bueno, los fines de semana como un poco mejor, pero de lunes a viernes con el trabajo estoy muy (4) _____ y casi siempre como (5) _____ en el bar.
- ¿Y hace (6) _____ o algún tipo de ejercicio?
- ▼ La verdad es que no mucho... solo cuando voy al campo algunos domingos.

Para aclarar las cosas:
Anemia: disminución del número de glóbulos rojos en la sangre producida por la pérdida de sangre o la mala alimentación.

- Bien, vamos a hacer (7) _____. Seguramente tiene usted anemia* y por eso se siente tan cansado. Voy a hacerle (8) _____ de pastillas de hierro. Va a tomar una con zumo de naranja por las mañanas.
- ▼ ¿Solo una?
- Sí, solo una (9) _____ durante tres meses.
- ▼ De acuerdo.
- Y también es muy importante la dieta: tiene que comer alimentos ricos en hierro, como las (10) _____ y algunas verduras.
- Y, ¿para levantar el ánimo?
- ▼ El hierro va a ayudar, pero también dormir: por lo menos ocho horas, y hacer ejercicio y deporte.
- De acuerdo, doctora. Voy a hacer todo lo que dice.
- ▼ Va a volver en junio y repetimos los análisis, a ver cómo va...
- Gracias. Adiós.
- ▼ Adiós.

Actividad 7

Vas a escuchar tres anuncios de radio del programa "Vida sana" de Onda Meridional. Después selecciona la opción correcta, (*a*, *b* o *c*) para cada pregunta 1 - 3.

1 *Bienestar Hydra* está:
  a en Burgos.
  b en el campo.
  c en la ciudad.

2 En esta parafarmacia:
  a te llevan los productos a casa.
  b venden solo medicamentos.
  c cierran a mediodía.

3 Este anuncio habla de:
  a tratamientos medicinales para los pies.
  b tratamientos estéticos para los pies.
  c masajes corporales.

Actividad 8

Estos son los pisos de Sandra y Paula. Escribe oraciones comparándolos.

PISO DE SANDRA
450 euros al mes
95 m²
Cuatro habitaciones
Dos baños
A 20 minutos del centro

PISO DE PAULA
300 euros al mes
80 m²
Tres habitaciones
Dos baños
A 10 minutos del centro

Actividad 9

Vas a leer una noticia sobre una campaña para luchar contra una enfermedad, el Alzheimer. Después selecciona la opción correcta *a*, *b* o *c* para cada pregunta 1 - 4.

Un banco de recuerdos para la lucha contra el Alzheimer

Más de 100 millones de personas pueden perder sus recuerdos antes de 2050 si la investigación contra el Alzheimer no avanza.
Bienvenido al Banco de Recuerdos, un lugar en el que puedes guardar los tuyos y ayudar a conservar los de otros.

En 2011, Año Internacional del Alzheimer, la Fundación Reina Sofía, apoyada por otros organismos, presentó una campaña en la radio, la televisión y los periódicos, para recoger dinero y luchar así contra esta enfermedad.

Banco de Recuerdos es una página web para guardar y para apadrinar recuerdos, el primer espacio virtual de recuerdos que hay en la red. Las personas pueden donar sus recuerdos (a través de una carta, una foto o un vídeo) o apadrinar los que ya hay. El dinero donado se va a destinar a la investigación en la lucha contra la terrible enfermedad.

Han donado sus recuerdos personas anónimas, personas en la primera fase de la enfermedad y personas famosas, por ejemplo, el seleccionador español de fútbol, Vicente del Bosque, que no quiere olvidar la Copa del Mundial de Fútbol de 2010, o el cantante David Bustamante, que quiere recordar para siempre el nacimiento de su hija. En la actualidad, 25 millones de personas en todo el mundo sufren esta enfermedad y aproximadamente 450 000 viven en España. Esta demencia produce un enorme sufrimiento en el paciente y en sus familias. Por eso esta campaña es necesaria.

«Recordar es vivir». Son palabras de la Reina Sofía en la firma del convenio entre la fundación que lleva su nombre y los diez grupos de comunicación de ámbito nacional que han colaborado en la campaña. Y, ¿quién no tiene un recuerdo que quiere conservar para siempre?
Ahora puedes hacerlo en:
http://www.bancoderecuerdos.es/

1 Para donar un recuerdo en el *Banco de recuerdos*:
   a Tienes que escribir una carta.
   b Tienes que entrar en internet.
   c Tienes que escribir un correo electrónico.

2 La campaña *Banco de recuerdos* la ha realizado:
   a El Gobierno de España.
   b La Fundación Reina Sofía en colaboración con otros organismos.
   c Algunos medios de comunicación españoles.

3 Pueden dejar sus recuerdos:
   a Solo personas populares.
   b Solo personas enfermas de Alzheimer.
   c Todo tipo de personas.

4 Actualmente los enfermos de Alzheimer en España son:
   a 450 000.
   b Casi un millón.
   c Unos 450 000.

Actividad 10

A Escribe que solías hacer cuando eras más joven.
- Cuatro cosas que hacías normalmente los fines de semana.
- Cuatro cosas que solías hacer en las vacaciones de verano.
- Cuatro cosas que hacías antes y que ya no haces ahora.
- Cuatro cosas que hacías antes y que todavía haces.

B Ahora habla con tus compañeros/as sobre vuestras respuestas. ¿Hay muchas cosas diferentes o parecidas? ¿Hay algo sorprendente?

Antes Wilma y yo hacíamos mucho deporte y ahora hacemos menos.

Si tú me dices ven...

Actividad 1

Escucha y relaciona los diálogos con los dibujos.

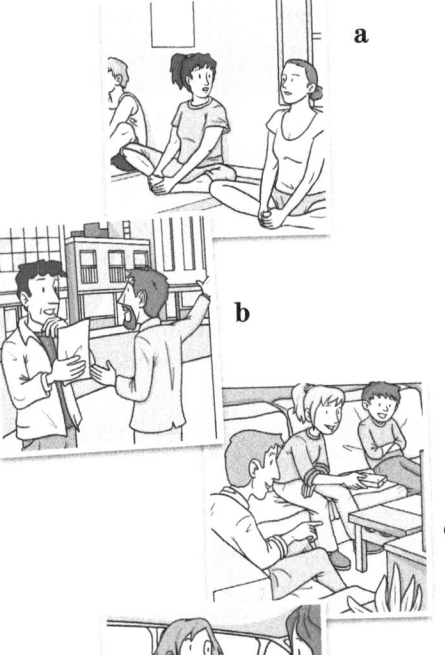

Diálogo 1
Diálogo 2
Diálogo 3
Diálogo 4
Diálogo 5
Diálogo 6
Diálogo 7
Diálogo 8

Actividad 2

A Lee y subraya las formas verbales en imperativo.

1 ● ¿Se puede?
　▼ Sí, _entre_, por favor.

2 ● Perdone, ¿para ir a la calle Gordóniz?
　▼ Sí, tome la primera a la izquierda, pase la rotonda y después siga todo recto.
　● Muchas gracias.
　▼ De nada.

3 ● Cierra la puerta, por favor, que hace frío.
　▼ Ahora mismo.

4 ● Poned la tele, que empieza la película.
　▼ Vale.

5 ● ¿Puedo abrir la ventanilla?
　▼ Sí, claro, ábrela.

6 ● Respiren lenta y profundamente..., tomen aire, expulsen el aire..., y repítanlo tres veces más.
▼ ¿Hay que tumbarse?
● No, mejor sentados. Recuerden, hagan cuatro respiraciones completas.

7 ● Haced los deberes para mañana.
▼ ¿También la redacción?
● Sí, sí, los ejercicios del uno al cuatro y la redacción.

8 ● Por favor, venga a mi despacho esta tarde.
▼ De acuerdo.

B Reescribe los diálogos cambiando las personas *tú* por *usted*; *usted* por *tú*; *vosotros* por *ustedes*; *ustedes* por *vosotros*.

1 ● _____
▼ _____

2 ● _____
▼ _____

3 ● _____
▼ _____

4 ● _____
▼ _____

5 ● _____
▼ _____

6 ● _____
▼ _____

7 ● _____
▼ _____

8 ● _____
▼ _____

Actividad 3

A Completa con las formas de imperativo en la persona *tú*.

poner • colaborar • ~~adoptar~~ • donar • ser (2) • ayudar • apadrinar • acoger • comprar

Asociación esperanza animal

www.esperanzaanimal.net
Si quieres tener un gato o un perro no es necesario comprarlo. *Adóptalo*. Nosotros te damos toda la información.

1 _____ como socio/a pagando una cuota mensual. Tú decides la cantidad.
2 _____ uno de nuestros animales. Si lo haces nos ayudas con los gastos y tú puedes recibir fotos e información del animal.
3 _____ casa de acogida, _____ un gato o un perro en tu casa temporalmente mientras buscamos su hogar definitivo.
4 _____ voluntario/a y _____ a limpiar el refugio y atender a los animales.
5 _____ todo lo que necesitas para tus mascotas en *www.zootienda.es* a través de nuestra web. Nos dan un porcentaje con cada compra.
6 _____ nuestra hucha en tu comercio o tienda. Nosotros la recogemos periódicamente.
7 _____ comederos, rascadores, toallas, medicación veterinaria, comida de mascotas, productos de limpieza para los gatos y perros del refugio. Ellos te lo agradecen y nosotros también. ☺

B ¿Dónde puedes encontrar este texto: en un periódico, en un libro, en un cartel, en una revista, en un folleto...? Habla con tu compañero/a. Justificad vuestras respuestas.

Actividad 4

Contesta afirmativamente a las siguientes preguntas.

1 ¿Puedo regalar estos discos?
   Sí, regálalos / regálelos.
2 ¿Podemos abrir la ventana?
3 ¿Puedo poner aquí la maleta?
4 ¿Puedo probarme tu falda?
5 ¿Podemos mover el sofá?
6 ¿Puedo dejar aquí las cosas?
7 ¿Puedo coger este paraguas?
8 ¿Puedo reservar ya la habitación?
9 ¿Hago la cama?
10 ¿Puedo sacar esos libros de la biblioteca?

Actividad 5

A Busca once palabras relacionadas con los medios de comunicación y la publicidad.

B Escribe las palabras con el artículo determinado.

1 *el libro*
2
3
4
5
6
7
8
9
10
11

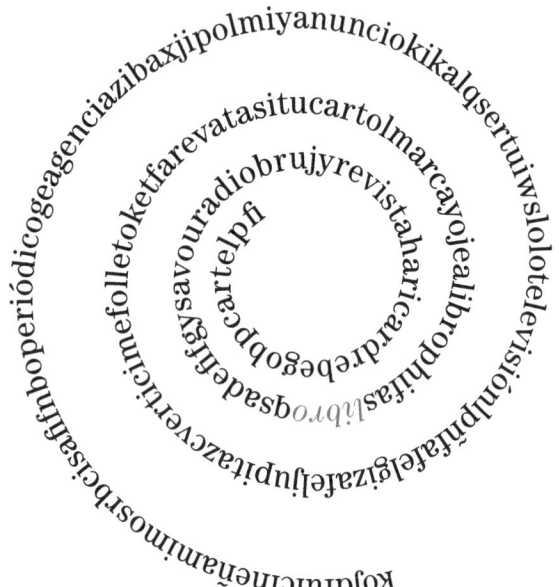

Actividad 6

A En grupos de tres relacionad estos eslóganes publicitarios con los productos.

1 Cuida tu piel, cuida tu vida.	a Un suavizante para la ropa.
2 Lleva Italia a tu casa.	b Una marca de pantalones vaqueros.
3 Siéntate mejor que nunca.	c Unas pastillas para la garganta.
4 Sin trucos, bebe claro.	d Una marca de agua mineral.
5 Siente una ola de frescor.	e Una pizza.
6 Despierta tu salud.	f Un colchón.
7 Grita, canta, sé feliz.	g Una crema hidratante corporal.
8 Rueda, rueda y llega a tu meta.	h Una marca de bicicletas.
9 Saborea algo grande a pequeñas cucharadas.	i Un sofá.
10 Póntelos y sal a por todas.[1]	j Una marca de yogures.

[1] *Ir/salir a por todas* significa intentar ganarlo todo, no solo una parte.

B Ahora también, en grupos de tres, imaginad que trabajáis en una agencia de publicidad. ¿Podéis crear un eslogan para cada uno de estos productos? Podéis usar formas verbales en imperativo afirmativo y también otras estructuras si creéis que son necesarias.

- Un ordenador
- Un hotel
- Una marca de mermeladas
- Una compañía de telefonía móvil
- Una bebida energética
- Una escuela de español

C Poned en común los eslóganes de todos los grupos. ¿Cuáles os gustan más?

Actividad 7

A Ordena este diálogo entre un recepcionista y unas clientas en un hotel.

1	2						

1 *Buenos días, ¿en qué puedo ayudarlas?*
2 *Buenos días, queríamos una habitación doble para cuatro noches.*
3 ¡Qué bien! Y, ¿cuánto vale?
4 A mí también. Solo una cosa más: ¿hay conexión a internet o wi-fi?
5 ¿No tiene baño? Entonces no... Y, ¿dos individuales?
6 Sí, sí, la habitación tiene aire acondicionado, teléfono, televisión y wi-fi para sus ordenadores portátiles.
7 Esperen un momento, que creo que los señores Trillo salen hoy... Sí, se marchan hoy después de comer. Es la habitación 15 en la primera planta, doble, con baño y da a la calle.
8 A mí me parece muy bien. ¿Y a ti, Lola?
9 Gracias.
10 Un momento, por favor, déjeme mirar..., a ver..., ahora mismo solo nos queda una habitación doble en la segunda planta, pero con el baño compartido.
11 65 euros con el desayuno.
12 ¡Genial! Nos quedamos en esa habitación.
13 Sí, aquí los tiene.
14 Pero va a ser bastante más caro, Marga.
15 Muy bien. ¿Pueden dejarme sus carnés de identidad, por favor?

B Escucha y comprueba. 34

Actividad 8

En parejas, completad estas oraciones. Tenéis que escribir consejos para personas que tienen algunos problemas en el hotel y que no pueden cambiar de habitación porque el hotel está completo.

1 Si en la habitación hace un poco de frío y no hay calefacción, *pon una manta en la cama.*

2 Si te lavas el pelo y en el baño no hay secador, _____.

3 Si la ventana de tu habitación da a una calle con mucho ruido, _____.

4 Si en la habitación huele a tabaco, _____.

5 Si llevas tu moto y el hotel no tiene aparcamiento, _____.

6 Si eres vegetariano/a y todos los menús del hotel llevan carne, _____.

Actividad 9

Vas a leer cinco textos de una guía de hoteles en Sevilla, y cuatro enunciados. Selecciona el enunciado 1 - 4 que corresponde a cada texto (A-E). Tienes que seleccionar cuatro textos.

Enunciados	Texto
1 Puedo comer platos típicos andaluces.	*D*
2 Puedo ir andando a lugares interesantes.	
3 Se pueden hacer reuniones de trabajo.	
4 Está situado en una calle sin coches.	

Texto A:
Hotel Feria de Abril
Situado en pleno centro de Sevilla, en una tranquila calle peatonal. Está rodeado de los mejores restaurantes y tablaos flamencos. Decorado en un estilo clásico y elegante, el hotel ofrece amplias y cómodas habitaciones.

Texto B:
Hotel Hispalis
Elegante y moderno hotel ubicado en el corazón del centro histórico de Sevilla. Es perfecto para quienes desean llegar a pie a los lugares más importantes de la ciudad: museos, parques y los principales monumentos.

Texto C:
Hotel Sevilla 2
Situado en una de las zonas comerciales de Sevilla y a diez minutos en autobús del centro histórico. Ideal para ir de compras. Ofrece una gran variedad de servicios: televisión vía satélite, conexión a internet gratuita, gimnasio y aparcamiento.

Texto E:
Hotel HN Sevilla
A pocos minutos del centro de Sevilla, este hotel de estilo vanguardista dispone de varias salas para encuentros de negocios con material audiovisual, posibilidad de realizar videoconferencias y servicios de secretaría, traducción e interpretación.

Texto D:
Hotel Torre del Oro
Hotel lleno de encanto situado en un bello y antiguo palacio del siglo XVIII. Amplias y cómodas habitaciones. Su restaurante Óleum ofrece especialidades de la cocina andaluza como el famoso gazpacho casero y un delicioso pescadito frito, acompañado por una variada carta de vinos de Jerez.

Si tú me dices ven...

Actividad 10

A En el programa de radio "Vida sana" de Onda Meridional, el doctor Beltrán nos habla sobre la risoterapia y nos ofrece algunas técnicas para ponerlo en práctica. Escucha y lee.

La risa es el idioma universal entre las diferentes culturas. A través de ella conectamos con otras personas: es parte de nuestro lenguaje no verbal y de la comunicación. La risoterapia nació hace unos 4 000 años en el antiguo imperio chino y está relacionada con la respiración: podemos provocar la risa solo respirando. Los científicos han demostrado que las personas que tienen normalmente buen humor también desarrollan una mejor actividad mental y un mayor rendimiento en el trabajo y en los estudios. Y, por supuesto, el buen humor también mejora nuestra salud, porque tenemos menos dolores, menos ansiedad y menos estrés. La risoterapia es una terapia de grupo y pretende conseguir una carcajada* natural desde nuestro interior. Para ello, utiliza técnicas de expresión corporal, masajes, bailes, ejercicios de respiración y de relajación. ¿Por qué no probamos algunas de estas técnicas? Este es un buen ejercicio para eliminar tensiones:

- Camina con el cuerpo apretado con mucha tensión. Repite tu nombre varias veces conteniendo la respiración; expulsa el aire y toma aire otra vez profundamente. Repítelo tres veces. Mueve los brazos y suelta todo el cuerpo dando pequeños saltos.
- Túmbate boca arriba y coloca una mano en el estómago. Toma todo el aire posible.
- Expulsa el aire poco a poco diciendo una vocal: «ja, ja, ja», «je, je, je», «ji, ji, ji»... Repítelo.
- Con cada expulsión de aire va a surgir la risa de manera natural. Vas a vivir la experiencia de reírte de nada. ¡Ya has conectado con el poder sanador de la risa!

* **Carcajada**: risa ruidosa y fuerte.

B Habla con tu compañero/a y contesta.

1 ¿Qué opinas de la risoterapia? ¿Te gusta la idea? ¿Crees que es una buena terapia para tener menos estrés?

2 ¿Has practicado alguna vez esta terapia o alguna similar?

3 ¿Vas a practicar el ejercicio que propone el doctor Beltrán?

4 ¿Qué cosas te ponen de buen humor?

C Y ahora tú. En grupos de tres explicad a los compañeros cómo se hace o cómo se practica alguna actividad que conocéis bien y que es posible realizarla en el aula: por ejemplo, un baile, un ejercicio de gimnasia, una postura de yoga, un movimiento de tai chi, una técnica de relajación, un automasaje, una lección de maquillaje, etc. Tenéis que dar las instrucciones necesarias y anotarlas. Después los/las compañeros/as tienen que intentar ponerlo en práctica.

Cuaderno de viajes

Actividad 1

Nuria y Miguel viven en Oviedo y van a pasar unos días en Valladolid y Salamanca. Miguel ha organizado el viaje porque Nuria tiene mucho trabajo últimamente. Escucha su conversación telefónica sobre el viaje y completa la tabla.

Día	Fecha	Trayecto-Medio de transporte	Alojamiento
1	Sábado, 16 de julio	Oviedo-Valladolid en tren	
2			
3			
4			
5			
6			Oviedo

Actividad 2

A Lee.

La comunicación no verbal

El lenguaje del cuerpo y de los gestos es tan importante como el de las palabras. Hay muchos idiomas en el mundo y también hay diferentes maneras no verbales de expresarse. Cada cultura tiene su particular lenguaje corporal.

La siguiente información puede ayudarte en tu relación con las personas de cultura hispana:

La distancia entre las personas, cuando hablan, cambia de una cultura a otra. En España, en general, las personas se sitúan cerca unas de otras, y los españoles se sienten cómodos hablando con personas que están a 50 cm o menos. Incluso en el ascensor, lo normal es tratar de hablar de algo sin importancia: normalmente del tiempo.

Por eso se dice que la cultura hispánica es una cultura de contacto.

También los españoles, los hispanoamericanos y en general, las culturas latinas y mediterráneas, hacen muchos gestos con las manos, mueven todo el tiempo las manos y se tocan más que las personas de otros países. Tocar al interlocutor demuestra cariño y confianza.

Además, son muy importantes los ojos, el contacto visual. Los españoles valoran de manera positiva a las personas que miran directamente a los ojos de los demás, porque piensan que esto demuestra sinceridad.

B **Habla con tu compañero/a.**

1 ¿Has observado las actitudes que describe el texto entre personas hispanas o en películas hispanas?
2 ¿Qué es lo que más te sorprende del texto?
3 ¿Qué diferencias encuentras con las costumbres de tu país/cultura?
4 ¿Te ha ocurrido alguna vez algo divertido relacionado con la comunicación no verbal?

C **Escribe algunos consejos sobre este tema para personas que van a visitar tu país (también puedes usar la información de *Nuevo Avance A2*, unidad 8, o *Nuevo Avance Básico*, unidad 16).**

Si vas a Japón, no debes... _____

_____

_____

_____

_____

_____

_____

_____ .

Actividad 3

Jessica ha vivido en España un año y ha escrito este texto sobre algunas costumbres españolas. Complétalo con las palabras del recuadro.

porque (2) • y (4) • ni (2) • pero (3) • por eso (2) • cuando (3)

¡Hola! Me llamo Jessica, soy estadounidense (1) *y* he pasado un año inolvidable en España. He estudiado español en una academia de Madrid (2) _____ esta ciudad me gusta mucho. He conocido a personas de todos los países del mundo, (3) _____ también a españoles. Me han sorprendido algunas costumbres. ¡Son tan diferentes a las de mi país! Por ejemplo, en España no tienes que decir «gracias» tantas veces como hacemos en inglés (4) _____ tampoco debes decir «por favor» continuamente. Esto no significa ser maleducado, es solo una costumbre distinta, (5) _____ al principio, en clase, (6) _____ la profesora me daba una fotocopia yo siempre decía «gracias», (7) _____ aprendí que en España no es necesario decirlo todo el tiempo. ¡Ahora doy las gracias menos veces que antes!
Otra cosa curiosa es que los españoles dicen «hasta luego», (8) _____ pueden pasar mucho tiempo sin verse. También, a veces, te conocen por primera vez (9) _____ enseguida te dan su dirección (10) _____ te invitan a ir a su casa algún día, (11) _____ realmente piensan que no vas a hacerlo. Es solo una manera de ser cortés.
Y (12) _____ te invitan a una comida o a una fiesta, no debes llegar a la hora en punto (13) _____ antes de la hora. Es mejor llegar con unos minutos de retraso. (14) _____ ahora lo hago así (15) _____ me invitan a cenar a sus casas. ¡Ah!, y normalmente llevo una botella de vino para compartirla durante la cena, (16) _____ no llevar nada es raro entre españoles.

Cuaderno de viajes

Actividad 4

Relaciona cada definición con su terminación.

1 *Una silla es un objeto...*
2 El fútbol es un deporte...
3 Una maleta es un objeto...
4 Cuzco es una ciudad...
5 Un/a camarero/a es una persona...
6 Una cuchara es un objeto...
7 Un/a azafato/a es una persona...
8 Una cama es un mueble...
9 Unos guantes son una prenda de vestir...
10 El Ebro es un río...

a que sirve bebidas y comida en un bar o restaurante.
b que sirve para guardar la ropa cuando vas de viaje.
c que sirve para tomar la sopa.
d que está en Perú.
e que se juega con once jugadores y un balón.
f que sirve para dormir.
g que atiende a los pasajeros en el avión.
h que está en España.
i *que sirve para sentarse*.
j que te pones en las manos cuando hace frío.

Actividad 5

A Completa con *hace, hace que, desde, desde que*.

1 María vive en Barcelona _____ 2002.
2 ¿Cuántos años _____ trabajas aquí?
3 Salgo con Samuel _____ mayo del año pasado.
4 _____ terminé la carrera, he trabajado en muchos sitios.
5 Estuve en Ámsterdam _____ siete años.
6 Mis padres se casaron _____ cincuenta años.

B Completa las oraciones con información personal sobre ti.

1 Viajé por última vez en avión _____.
2 Hace dos años _____.
3 _____ desde el año pasado.
4 Hace _____ que _____.
5 Desde que estudio español _____.
6 Empecé a estudiar español _____.

Actividad 6

Completa el texto con una de las palabras del recuadro. Puedes repasar este vocabulario en *Nuevo Avance Básico*, unidad 16, página 162.

> monitor • equipaje de mano • aterrizar • sala de espera • cola
> mostrador de embarque • facturar • retraso • exceso de equipaje

Viajo mucho por mi trabajo y paso mucho tiempo en los aeropuertos. Cuando empecé a viajar en avión tenía un poco de miedo a volar, sobre todo me daba miedo el momento de (1) _____, pero ahora ya estoy acostumbrado. Normalmente llego con tiempo suficiente para ir al (2) _____ y (3) _____. Solo llevo mi (4) _____, así que nunca tengo problemas de (5) _____, y solo una vez he tenido que ir a la oficina de objetos perdidos. A veces lo peor es hacer (6) _____ o pasar mucho tiempo en la (7) _____; es aburrido, pero suelo leer el periódico o repasar mis papeles del trabajo. Ahora estoy en una sala de espera del aeropuerto de Barajas con mi ordenador portátil, escribiendo en mi *blog, El cuaderno de viajes de Santi*. Mi avión va a salir con (8) _____, y cada vez que miro al (9) _____ el retraso es mayor. En fin, después de escribir en el *blog* voy a consultar el correo electrónico y Twitter. Así que... ¡ánimo y paciencia! ☺

104   Nuevo Avance Básico

Cuaderno de viajes 16

Actividad 7
Lee y di si es verdadero o falso.

Las vacaciones de los españoles

Expedia, una de las agencias de viajes en línea más importantes del mundo, ha realizado un estudio para saber los gustos de los españoles cuando viajan.

El 70% de los viajes que realizan los españoles es a lugares de su región y, en verano, los destinos favoritos son los lugares con playa y buen clima.

Expedia también ha elaborado un *ranking* de los viajes preferidos por los españoles durante la primavera y en las vacaciones de Semana Santa. En 2011 los diez lugares más visitados por los españoles en esta época del año fueron:

1. **Madrid**: la ciudad atrae por su gran oferta cultural de museos, exposiciones, teatro y cine. (Desde Barcelona y tres noches en un hotel de 4 estrellas, desde 278 € por persona).

2. **Nueva York**: Expedia ofrece vuelos económicos a esta ciudad, y muchas parejas jóvenes eligen este destino. (Desde Madrid o Barcelona y ocho noches en un hotel de 3 estrellas, desde 987 € por persona).

3. **Londres**: el encanto de las galerías de arte, los museos, los mercadillos y las tiendas de ropa son el principal atractivo. También hay vuelos y alojamientos muy económicos (Desde Madrid o Barcelona y cuatro noches en un hotel de 3 estrellas, desde 380 € por persona).

4. **Roma**: ofrece arte e historia. La *ciudad eterna* es para los españoles un destino preferido desde siempre. (Desde Madrid o Barcelona y cuatro noches en un hotel de 4 estrellas, desde 318 € por persona).

5. **París**: la ciudad del amor y de la moda es otro destino favorito de los españoles en los meses de primavera. (Desde Madrid o Barcelona y cuatro noches en un hotel de 4 estrellas, desde 402 € por persona).

6. **Berlín**: precios económicos y una ciudad siempre en movimiento es lo más valorado cuando se elige este viaje. (Desde Madrid o Barcelona y cuatro noches en un hotel de 4 estrellas, desde 385 € por persona).

7. **Islas Canarias**: para los que quieren sol y playa en cualquier época del año y sin salir del país, este es el destino perfecto. (Desde Madrid o Barcelona y cuatro noches en un hotel de 5 estrellas, desde 480 € por persona).

8. **Barcelona**: muchas personas visitan Barcelona para disfrutar del Modernismo de Gaudí y de la gastronomía mediterránea. (Vuelos desde Madrid y tres noches en un hotel de 4 estrellas, desde 285 € por persona).

9. **Lisboa**: también muy cerca y llena de encanto, la capital de Portugal atrae por su clima y su ambiente. (Desde Madrid o Barcelona y cuatro noches en un hotel de 4 estrellas, desde 246 € por persona).

10. **Milán**: la otra ciudad italiana del *ranking*. Ciudad de la moda, es ideal para las personas que aman ir de compras. (Desde Madrid o Barcelona más cuatro noches en un hotel de 4 estrellas, desde 354 € por persona).

Según el estudio de *Expedia*:

	V	F
1 El 70% de los viajes de los españoles es a lugares cercanos.		
2 Los viajes culturales son los favoritos en verano.		
3 En primavera muchos de los destinos preferidos son capitales europeas.		
4 De las ciudades de Europa, Roma es el viaje más barato con Expedia.		
5 A los españoles les gusta viajar a las islas Canarias durante todo el año.		

Cuaderno de viajes

Actividad 8

Vas a escuchar una conversación telefónica entre una persona que trabaja en una agencia de viajes y un cliente. Después contesta a las preguntas y elige una opción *a*, *b* o *c*.

1 Esta conversación sucede:
   a Al principio del verano.
   b En septiembre.
   c En primavera.

2 El matrimonio desea viajar a:
   a La República Dominicana.
   b Panamá.
   c No están seguros.

3 El viaje más barato a Santo Domingo cuesta:
   a 910 euros.
   b 1544 euros.
   c Algo más de 1544 euros.

4 Si eligen el viaje más económico a Punta Cana van a pasar allí:
   a Cuatro días.
   b Siete días.
   c Un mes.

Actividad 9

Estas son las fotos de un viaje que hiciste la primavera pasada. Escribe un texto para tu *blog* en internet. Tienes que contar:

- Adónde fuiste y cómo viajaste.
- Cómo era el lugar y qué había en él.
- Con quién fuiste y dónde os alojasteis.
- Qué hiciste durante el viaje.

Número de palabras: entre 70 y 80.

INICIO   SOBRE NOSOTROS   SUSCRIBE: POST   COMENTARIOS

Cuaderno de viajes

16

Actividad 10

Habla con tu compañero/a y sigue las indicaciones de la ficha.

Ficha A/estudiante A

Vas a casarte y estás preparando tu luna de miel o viaje de novios. Tú prefieres organizar el viaje con una agencia. Tu novio/a cree que es mejor viajar de forma independiente.

Tienes que:
- Decir a tu novio/a que prefieres hacer un viaje organizado por una agencia.
- Explicar por qué quieres viajar con una agencia.

    Estas sugerencias para explicar tu opción pueden ayudarte:
    Ventajas de viajar con una agencia:
    - Es muy cómodo porque todo está organizado.
    - Es más seguro porque vas con guías que conocen bien el lugar.
    - Normalmente es más barato porque suele haber buenas ofertas.
    - Vas a verlo todo.

    Desventajas de viajar solos:
    - Es más incómodo porque nosotros tenemos que organizarlo todo.
    - Es más peligroso porque no sabes cuáles son los lugares seguros y los lugares peligrosos para los turistas.
    - No conoces bien el lugar y puedes perderte cosas importantes de ver. Además normalmente no da tiempo a verlo todo.

- Llega a un acuerdo con tu novio/a.

Ficha B/estudiante B

Vas a casarte y estás preparando tu luna de miel o viaje de novios. Tú prefieres viajar de forma independiente. Tu novio/a cree que es mejor organizar el viaje con una agencia.

Tienes que:
- Decir a tu novio/a que es mejor viajar solos, sin un viaje organizado.
- Explicar por qué es mejor.

    Estas sugerencias para explicar tu opción pueden ayudarte:
    Ventajas de viajar solos:
    - Es mucho más divertido porque hay más aventura.
    - Podéis conocer mejor a la gente del lugar.
    - Hay más libertad para hacer las visitas que realmente queréis hacer y cuando queréis hacerlas.

    Desventajas de viajar con una agencia:
    - No tenemos libertad, todo está programado y tenemos que hacer lo que nos dicen.
    - Es mucho más difícil conocer a la gente del país, solo conoces a tus compañeros del viaje organizado.
    - Puede ser más caro.

- Llega a un acuerdo con tu novio/a.

Nos despedimos, pero seguiremos en contacto

17

Actividad 1

A Lidia quiere conocer su futuro y ha ido a la consulta de una echadora de cartas de tarot. Escucha y di si es verdadero o falso.

	V	F
1 La echadora de cartas hace una predicción sobre la salud de Lidia.		
2 Lidia tendrá éxito en el trabajo.		
3 Lidia viajará por toda España el año que viene.		
4 Lidia se enamorará muy pronto.		
5 Lidia cambiará de trabajo y trabajará de profesora de idiomas.		

B Habla con tu compañero/a.

1 ¿Te han echado las cartas alguna vez, o te han leído las manos?
2 En tu país, ¿las personas suelen ir mucho a consultas de este tipo?
3 ¿Hay algún tipo de adivinación* propio de tu país? ¿Puedes describirlo?
4 ¿Crees que hay personas que pueden adivinar el futuro?

> **Para aclarar las cosas:**
> *Adivinar*: descubrir algo usando la magia o medios no científicos.

Actividad 2

A Busca diez formas verbales de futuro (primera persona singular o plural) de verbos irregulares.

A	C	V	D	I	R	É	B	H	K	L	Y	E	R	A
S	E	R	F	G	H	X	V	I	V	A	F	D	E	R
A	A	E	I	S	V	G	A	E	R	Y	S	U	S	P
L	Q	X	C	E	O	E	U	B	I	E	O	O	T	O
D	M	F	I	F	W	D	N	A	I	S	M	I	R	D
R	O	S	A	B	R	É	M	D	A	E	E	B	B	R
E	A	Z	S	F	H	T	Y	E	R	O	R	P	F	E
M	I	B	P	F	T	M	C	D	R	É	D	B	A	M
O	L	M	R	F	B	A	N	D	Y	W	N	V	M	O
S	T	V	M	E	E	O	G	H	A	R	E	M	O	S
Z	A	H	I	R	P	B	R	B	A	P	T	E	Z	I
D	U	A	P	O	L	U	T	G	I	O	V	N	M	Q
I	H	B	Ñ	F	R	W	E	W	T	B	R	E	I	S
Ñ	I	R	S	X	C	E	R	T	A	R	A	F	Ñ	S
Q	U	É	R	R	É	A	N	D	G	R	A	S	B	R

108 Nuevo Avance Básico

Nos despedimos, pero seguiremos en contacto

B Escribe los infinitivos y completa la conjugación.

1 *Decir: diré, dirás, dirá, diremos, diréis, dirán*
2 _____
3 _____
4 _____
5 _____
6 _____
7 _____
8 _____
9 _____
10 _____

Actividad 3

Escribe sobre ti. Recuerda que puedes usar el *futuro* y también el *presente* y la perífrasis *ir a* + infinitivo.

1 El mes que viene _____
2 Pasado mañana _____
3 Mañana por la mañana _____
4 El sábado por la noche _____
5 Las próximas vacaciones _____
6 Dentro de dos horas _____
7 Dentro de diez años _____
8 La próxima semana _____
9 Dentro de tres meses _____

Actividad 4

¿Recuerdas que en la Unidad 7 fuisteis publicistas? Ahora volvéis a serlo para hacer un anuncio sobre vuestro país o región. Podéis usar los recursos que aprendisteis en el Libro del Alumno de *Nuevo Avance Básico*, unidad 15. Y también podéis usar la estructura *si* + presente, futuro.

Si quieres tomar el sol en invierno y en verano, aquí podrás hacerlo.

Si eres un viajero curioso, aquí encontrarás paisajes nunca vistos.

Si quieres disfrutar de un Carnaval espectacular, aquí bailarás toda la noche con música latina.

Si te gustan las papas, aquí las comerás riquísimas.

En las islas Canarias lo tendrás todo.

17 *Nos despedimos, pero seguiremos en contacto*

■ **Actividad 5**

Completa con la preposición adecuada: *a, en, con, sin, por, para, de, desde, hasta.*

1 ● ¿Dónde está Simón?
 ▼ Estará _____ casa _____ Ana. Ayer quedaron _____ hacer los deberes.
2 ● Normalmente estudio en la biblioteca _____ las cuatro _____ las siete.
 ▼ Yo también, más o menos. Luego voy _____ casa, veo la tele un rato _____ las diez y me acuesto.
3 ● ¿Vas _____ venir _____ nosotros _____ la discoteca?
 ▼ No, no puedo. Este fin _____ semana estoy _____ un céntimo y además tengo que estudiar _____ el examen de Matemáticas.
4 ● Los bancos abren _____ ocho y media _____ dos.
 ▼ Y, ¿las tiendas?
 ● Depende. Normalmente las pequeñas cierran _____ mediodía y vuelven _____ abrir la tarde _____ cinco _____ ocho.

5 ● ¿_____ qué hora vendrá Luis? Hemos quedado _____ las seis y ya son las seis y cuarto.
 ▼ No tardará, estará _____ Alejandro. Ya sabes que cuando se encuentran no paran _____ hablar.
6 ● ¿Te gusta el agua _____ gas o _____ gas?
 ▼ _____ gas. No me gustan las burbujas.
7 ● ¿_____ qué estudias español?
 ▼ _____ mi novia. Es mexicana y voy _____ ir _____ vivir _____ ella _____ México dentro _____ un año.
8 ● Pedro, ¿cuánto tiempo tardas _____ tu casa _____ la Facultad?
 ▼ Depende, _____ pie veinticinco minutos y _____ autobús diez.
9 ● Irene, perdona, ¿tu correo electrónico se escribe _____ guion o _____ guion bajo?
 ▼ No, es _____ ningún guion: todo seguido, irenefer@sunmail.com

■ **Actividad 6**

Completa el diálogo entre Irene y Carlos.

> sms (2) • internet • arroba • virus • ordenador • correo electrónico
> chat • punto • páginas web • foros

Carlos: ¿Tienes otra dirección de (1) _____?
Irene: Sí, tengo una de gmail. Es: irene punto trotamundos (2) _____ gmail (3) _____ com.
Carlos: Vale, te escribiré a las dos.
Irene: Yo prefiero usar la de sunmail, a veces tengo problemas con el otro... Y sobre todo prefiero el teléfono, mandas un (4) _____ corto y rápido y ya está.
Carlos: Ya ves, a mí no me gustan los mensajes por teléfono.
Irene: Es que tú vives todo el día pegado al (5) _____.
Carlos: La computadora, la computadora, ya sabes que allá es femenino.
Irene: (6) _____ está bien, hay cientos de (7) _____ para buscar todo tipo de información, pero también hay informaciones desastrosas en la red.
Carlos: Tienes que saber seleccionar. Lo más interesante son los (8) _____ sobre temas que te gustan especialmente y los (9) _____ para hablar rápido en tiempo real. Mira, eso es parecido a los (10) _____ del teléfono que tanto te gustan.
Irene: No sé, no sé... y, ¿qué me dices de los (11) _____? Tienes uno y hay que limpiar el ordenador, a veces pierdes documentos importantes... ¡Es un rollo!
Carlos: Ahora hay antivirus buenísimos, no es un problema.

Nos despedimos, pero seguiremos en contacto

17

Actividad 7

En grupos de cuatro preguntad, contestad y escribid. Tienes que preguntar a los/as compañeros/as de tu grupo cuál es su dirección de correo electrónico, cuál es su número de teléfono móvil y si tienen alguna página web en internet, un *blog* o Facebook, y escribir todas las direcciones y números de teléfono. Si alguien no quiere dar los datos reales puede inventarlos.

- *Vladimir, ¿tienes una dirección de correo electrónico?*
- *Sí, es: vladispanish arroba gmail punto com.*
- *Vale, gracias, ¡te escribiré! Y, ¿tu número de teléfono móvil?*
- *¿En España? Es que aquí tengo un número español. Es 666 250756. También tengo mi propia página web para promocionar mis canciones...*
- *¡Qué interesante! ¿Cuál es la dirección?*
- *http dos puntos dos barras tres uves dobles punto Vladimirdiscos punto net.*
- *¡La visitaré, seguro!*

Actividad 8

Vas a escuchar una noticia de radio de la emisora Onda Meridional sobre las nuevas tecnologías. Selecciona la respuesta correcta (*a*, *b* o *c*) para cada pregunta.

1 La intención de la noticia es...
   a hablar sobre los últimos avances tecnológicos.
   b hablar sobre un estudio de la doctora Lourdes Estévez.
   c informar sobre un estudio que la Universidad de Stanford ha hecho sobre la adicción a las nuevas tecnologías.

2 Según el estudio, las personas conectadas a internet durante la mayor parte del día...
   a tendrán problemas de estrés en el futuro.
   b tendrán problemas de memoria.
   c no podrán estar mucho tiempo haciendo la misma cosa.

3 Según la noticia, hace algunos años...
   a no había tecnoadictos.
   b la manera de conectarse a internet de los tecnoadictos era diferente.
   c era posible conectarse a internet desde cualquier lugar.

4 Según la psiquiatra, Lourdes Estévez, para recuperarse de este tipo de adicción...
   a hay que pasar más tiempo con la pareja.
   b hay que curar la ansiedad.
   c hay que tener otras aficiones.

Nuevo Avance Básico 111

Nos despedimos, pero seguiremos en contacto

Actividad 9

A Lee el *curriculum vitae* (CV) de Julia.

Datos personales
- **Nombre y apellidos**: Julia Sánchez Barayón
- **Dirección**: C/ La Merced, 24, 4.º izda. 28100 Madrid
- **Teléfono**: Fijo 91356768 / Móvil 627544782
- **Correo electrónico**: julia.sanbar@latinmail.org
- **Fecha y lugar de nacimiento**: León, 15/10/1980

Formación y estudios
- **1998-2003** Universidad de Salamanca. Licenciatura en Filología Hispánica.
- **2001-2002** Beca Erasmus en la Universiteit van Amsterdam (Países Bajos).
- **2004-2006** Universität Heidelberg (Alemania). Máster de Traducción e Interpretación.
- Dominio en el uso de los principales programas informáticos de tratamiento de textos y otros.

Experiencia profesional
- **2002-2003** Profesora de español como lengua extranjera. Escuela *Avanza*, Salamanca.
- **2004-2006** Profesora ayudante de español en el Departamento de Estudios Hispánicos de la Universität Heidelberg (Alemania).
- **2007-2008** Traductora en la empresa *Holland ing and Management*. Utrecht (Países Bajos)
- **2008-actualidad** Traductora en la empresa de Servicios Lingüísticos *Mundo InterRed*. Madrid.

Idiomas
- Inglés C1
- Alemán C2
- Neerlandés C2
- Italiano B2

Datos complementarios
- Carné de conducir.

B **Completa las oraciones con la información adecuada.**

1 Julia estudió en la Universidad de Salamanca _____ 1998 _____ 2003.
2 Vivió en Holanda _____ años.
3 Empezó un Máster de Traducción e Interpretación en Alemania en 2004 y _____ más tarde lo terminó.
4 En España, trabajó como profesora de español _____ 2003, y al _____ siguiente empezó a trabajar como profesora de español en Alemania.
5 Trabajó como traductora en una empresa de Utrecht _____ 2007 _____ 2008.
6 Trabaja como traductora en Madrid _____ 2008.

Nos despedimos, pero seguiremos en contacto

17

Actividad 10

A ¿Jugamos a ser adivinos/as? En parejas, relacionad los elementos de cada columna para hacer predicciones.

1 Si este año no haces ejercicio,
2 Si en Navidad juegas a la lotería española,
3 Si tienes pareja estable,
4 Si estás en el paro,
5 Si te encanta el mar,
6 Si no estudias español,
7 Si te gusta viajar,
8 Si no tienes pareja,
9 Si no aprendes a usar las nuevas tecnologías,
10 Si sientes que no tienes suerte,

a te tocará el Gordo.
b este año encontrarás al hombre/mujer de tu vida.
c no podrás hacer ese viaje maravilloso por Latinoamérica con tu novio/a.
d este verano harás un crucero por el Mediterráneo.
e te casarás con él/ella.
f este año la fortuna llamará a tu puerta.
g tu salud empeorará.
h este año visitarás África por primera vez.
i perderás el contacto con tus compañeros/as.
j encontrarás un trabajo fantástico y muy bien pagado.

B Ahora preguntad a los/as compañeros/as cuál es su signo del zodíaco y haced grupos según el signo. Escribid cuatro predicciones más como en actividad anterior y de las catorce predicciones elegid siete para otro grupo.

Nuestras predicciones para los Escorpio en este año son...

Nuevo Avance Básico 113

Modelo Examen 18

Recuerda que en el examen real las instrucciones están redactadas en la forma de **usted**.

1. Prueba de comprensión de lectura   *Duración: 60 minutos*

Tarea 1.

Lee los siete enunciados y los diez textos. Selecciona el texto (A-J) que corresponde a cada enunciado (1-7).
Hay diez textos, incluido el ejemplo. Selecciona siete.

TEXTO A

ESCUELA DE TERAPIAS ALTERNATIVAS CENTRO

Cursos de medicina natural. Iniciación a la meditación.
Cursos de masaje shiatsu y ayurveda.

Lunes-Sábado: 8.30-12.30

Avenida del Ferrocarril, 9
Tel.: 942 659099/ 621004563
www.escuelacentro.com

TEXTO B

AUTOBUSES LA REUNIÓN
El autobús de la línea El Ferrol-Lugo con salida a las 16.30 se retrasa hasta las 17.30 por problemas técnicos. Rogamos disculpen las molestias. Gracias.

TEXTO C

ENERGITÓN COMPLEX

Complemento dietético ideal para deportistas y personas con intensa actividad física. Tomar una cápsula con el desayuno durante un periodo máximo de tres meses.
Notarás los resultados desde el primer día.

TEXTO D

AVISO A LOS USUARIOS DE LOS VESTUARIOS DE LA PISCINA
A partir del 1 de octubre será necesaria la tarjeta de entrada que se dará en recepción. Es gratuita. Obligatorio presentar el carné de socio.

114 Nuevo Avance Básico

TEXTO E

Jarabe Sintós

Modo de empleo:
Tomar una cucharada tres veces al día antes o después de las comidas.

Por la noche puede aumentar la dosis a dos cucharadas.

En caso de reacción negativa, consulte con su médico o farmacéutico.

TEXTO F

Panadería La Cestera

Pan recién hecho cada día. Gran variedad de panes: especialidad en panes integrales y multicereales. Bizcochos y dulces artesanales. Los martes dos por uno en *baguette* y los jueves en pan sin sal. Visítanos en Esquina Floridablanca, junto al Mercado de La Hebilla. No cerramos a mediodía.

TEXTO G

BAMBI

Especialistas en ropa y calzado de niños.

Abril: *Mes del chándal*. **Grandes ofertas** en ropa deportiva solo este mes.

Horario: de lunes a sábado 10.00-13.00 y 17.00-20.00.

TEXTO H

ACADEMIA DE INGLÉS LONDON CITY

Nos mudamos. Ahora estamos en la **calle Doce de octubre**, bajo derecha. Inscripciones abiertas para los cursos de verano y las estancias de *au-pair*.
Teléfono: 948 807 677

TEXTO I

ZAPATERÍA GÓMEZ

Liquidación por cierre. **Todo el calzado** rebajado hasta un **70%** (excepto infantil).

Oferta válida hasta fin de existencias.

TEXTO J

Bolsitas quitamanchas *Acción Oxígeno Plus*

Instrucciones de uso:
- Coloque una bolsita *Acción Oxígeno Plus* en la lavadora.
- Ponga la ropa en la lavadora y añada el detergente de modo habitual.
- Ponga la lavadora.
- Después del lavado, saque la bolsita de la lavadora y tírela al cubo de la basura.

	ENUNCIADOS	TEXTOS
0	No abren por las tardes.	A
1	No hay que pagar para entrar.	
2	Los zapatos de niño no tienen descuento.	
3	Hay un cambio de dirección.	
4	No se puede tomar durante mucho tiempo.	
5	Hay una oferta dos días a la semana.	
6	Hay un cambio de horario.	
7	Se puede tomar más.	

Tarea 2.

Este es el correo electrónico que Enrique ha escrito a Ángel. A continuación, contesta a las preguntas 8-12. Elige la respuesta correcta.

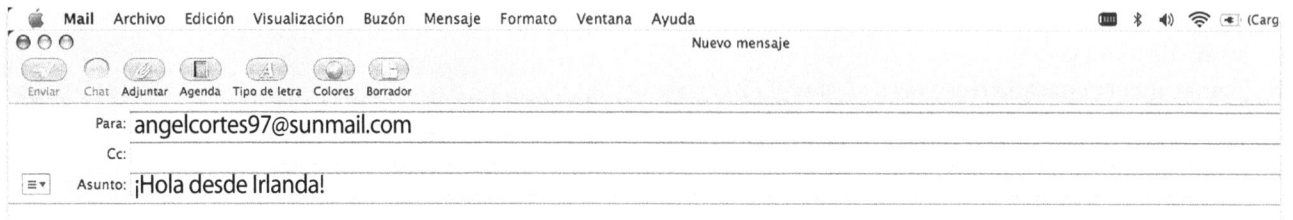

¡Hola, Ángel!
¿Qué tal por allí? ¿Qué tal nuestra querida Uni? ☺ Te escribo desde Dublín y estoy encantado. Llegué el 1 de septiembre y empecé el curso intensivo de inglés el día 5. Fue muy difícil encontrar alojamiento; en la oficina de Relaciones Internacionales me ofrecieron varias posibilidades: una residencia universitaria muy cerca del campus, pero muy cara, aunque con habitaciones individuales…, también me ofrecieron vivir con una familia irlandesa, ideal para practicar más inglés o compartir piso. Finalmente, elegí esta opción, así que vivo en una casita muy bonita (con jardín y todo) con otros dos Erasmus franceses, una chica polaca que ha venido solo a estudiar inglés y un irlandés que es camarero en un *pub*.
Comparto habitación con Neil, el irlandés. Es algo mayor que yo, pero es muy simpático y ya te imaginas que estoy aprendiendo un montón de inglés ☺
Una cosa que no me gusta de la casa es que no está muy cerca de la Universidad; está bien comunicada con el centro de la ciudad porque hay bastantes autobuses, pero no me acostumbro…
Y las clases en la Universidad están bien, hay gente de todo el mundo, porque no solo hay Erasmus, también hay estudiantes asiáticos y estadounidenses que vienen a través de otros programas de intercambio. Al principio fue difícil seguir las clases en inglés, pero ahora ya entiendo casi todo. Tengo que estudiar mucho, pero estoy muy contento. También tengo tiempo para salir, ¡claro! Los fines de semana hacemos muchas fiestas en las casas de otros amigos, a veces también en la nuestra…, o vamos a los *pubs*. La semana que viene es Halloween y nos han dicho que aquí se celebra mucho y es muy divertido.
Otra cosa muy buena de la Universidad es que organiza actividades culturales: el mes pasado estuvimos en Cork y Limerick, y antes de Navidad vamos a hacer un viaje a Inglaterra, a Londres. Será mi único viaje en esas fechas porque no puedo volver a España, ☹ no tengo suficiente dinero. Creo que voy a empezar a trabajar de camarero en el *pub* de Neil en enero y mi economía mejorará, espero.

Bueno, Ángel, nos vemos a mi vuelta, en julio. Un abrazo y recuerdos a todos,
Enrique

8 Enrique ha ido a Irlanda para:
 a conocer el país.
 b aprender inglés.
 c estudiar en la Universidad.

9 Enrique va a estar en Dublín:
 a diez meses.
 b un año.
 c hasta Navidad.

10 Enrique vive en:
 a un piso de estudiantes.
 b una casa compartida.
 c una residencia universitaria.

11 Enrique vive:
 a muy cerca de la Universidad.
 b lejos de la Universidad.
 c en el centro de Dublín.

12 Enrique dice que la Universidad organiza:
 a viajes culturales con frecuencia.
 b fiestas en el campus.
 c encuentros entre estudiantes irlandeses y extranjeros.

Examen DELE

Tarea 3.

Vas a leer seis anuncios y una pregunta sobre cada uno de ellos. A continuación, contesta a las preguntas 13-18. Elige la respuesta correcta (*a*, *b* o *c*) para cada pregunta.

Texto 1
Orquesta Salamandra
¿Sabes tocar la batería? Somos una orquesta con cinco años de experiencia. Necesitamos un batería profesional para los conciertos de este verano. Tenemos actuaciones durante todo el verano en muchas ciudades españolas. Si te interesa, viajarás mucho. Las pruebas de selección serán el viernes día 24 desde las 18.00 en el centro cívico del barrio de Santa Lucía.

Texto 2
Cuidado de perros
Ofrezco mis servicios como canguro para perros de cualquier raza. Me llamo Marcos. Tengo dos *Fox Terrier*. Soy responsable y conozco bien a los animales. Interesados llamar al teléfono 625 779 982.

Texto 3
Alojamiento de estudiantes con personas mayores
¿Eres estudiante? ¿Buscas piso en la ciudad? ¿Te gustan las relaciones humanas?
El Área de Bienestar Social del Ayuntamiento pone en marcha el programa "Alojamiento para estudiantes con personas mayores" durante todo el curso escolar. Muy económico. Una experiencia vital interesante y enriquecedora para todos. Información en el 900 220 444 (teléfono gratuito del Área de Bienestar Social).

Texto 4
Peluquería *Rizos*
¿Eres una mujer trabajadora, dinámica y divertida? ¿Te gusta estar bien contigo y con los demás? ¿Quieres estar guapa todos los días? Tenemos cursos de automaquillaje y de manicura y pedicura. Cursos de ocho horas. El precio incluye las clases y dos vales gratuitos para tu próxima visita a la peluquería (lavar, cortar y peinar. No incluye tinte).

Texto 5
Clases de chino
¡Hola! Me llamo Xiaoyan y soy de Beijing. He trabajado como profesora de chino para niños en mi país.
Clases en la casa de los alumnos a partir de las cinco.
Mi teléfono es 677 081 324.

Texto 6
Planes natura
¿Estás aburrido de tus fines de semana? ¿Quieres un buen plan para tu tiempo libre? Nosotros lo tenemos. Ningún fin de semana más sin diversión. Organizamos salidas culturales y excursiones, deportes de aventura y rutas gastronómicas. Pero… ¿estás solo o sola? También te ayudamos a contactar con personas con tus mismos intereses. Puedes entrar en nuestra página web www.planesnatura.com y consultar actividades y precios. Descuentos especiales para grupos de más de seis personas.

13 La orquesta Salamandra…
 a ofrece clases de batería.
 b anuncia sus conciertos del verano.
 c necesita una persona para la orquesta.

14 Marcos…
 a quiere adoptar un perro.
 b se ofrece para sacar a pasear a perros de otras personas.
 c busca a una persona para cuidar sus perros.

15 En el Área de Bienestar Social del Ayuntamiento…
 a ofrecen alojamiento gratuito a los estudiantes.
 b tienen un programa para alojar a personas mayores sin hogar.
 c tienen un servicio de alojamiento de estudiantes en casas con personas mayores.

16 En esta peluquería…
 a dan clases de peluquería.
 b enseñan a maquillarse.
 c dan clases gratuitas.

17 Xiaoyan…
 a ofrece clases antes de las cinco.
 b tiene experiencia como profesora.
 c da clases de chino en su casa.

18 En las actividades de *Planes Natura* pagan menos…
 a las parejas.
 b los grupos de seis personas.
 c los grupos grandes.

Examen DELE

Tarea 4.

Lee los siete enunciados y los diez textos de una página web con ofertas de trabajo. A continuación, selecciona el texto (A-J) que corresponde a cada enunciado (19-24). Hay diez textos, incluido el ejemplo. Selecciona seis.

Ofertas de empleo

A PROFESORES
Necesito profesor o profesora de alemán para dos niñas de cinco y ocho años.
Clases particulares de septiembre a junio.
Pago 15 euros la hora.
Teléfono de contacto: 917 543 332 (preguntar por Maite).

B INFORMÁTICOS
Trabajamos en la formación de trabajadores en la zona de Badalona. Buscamos informáticos para dar cursos de iniciación en el manejo de aplicaciones informáticas básicas. Los cursos se imparten en las empresas de los trabajadores. Imprescindible tener coche propio. Interesados enviar *curriculum vitae* con foto al Apdo. 72077 Badalona.

C MULTINACIONAL
Se necesita persona para trabajar en una nueva multinacional que abre sede en Bilbao. Altos ingresos. Imprescindible título universitario, capacidad de trabajar en equipo y dominio del inglés.
Enviar *curriculum vitae* a:
seleccionpersonal@laboralia.com

D CAMAREROS
La cadena de restauración Cafés del Mundo busca camareros/as para viernes por la noche, sábados y domingos. Requisitos: buena presencia y experiencia en hostelería de más de tres años. Interesados enviar CV al Apdo. 0965 de Gijón o presentarse en el Café del Mundo de la calle Santa Ana, número 18.

E DEPENDIENTAS
Importante cadena de ropa joven de chica en Sevilla necesita dependientas jóvenes y de carácter abierto y dinámico para la temporada de rebajas (de julio a septiembre). Es necesario tener experiencia previa. Las personas interesadas deben mandar *curriculum vitae* con foto a:
borskhafun@personal.com

F REPARTIDORES
Buscamos un chico o una chica entre 18 y 24 años para repartir publicidad de una nueva pizzería en la zona del campus universitario. Ideal para estudiantes. Dos días a la semana en horario flexible. Salario: 6 euros la hora.
Teléfono de contacto: 654 101 812 o pásate por Italianissima en la calle Puente Viejo, 3.

G COMERCIALES
Necesitamos un comercial para vender materiales informáticos a empresas. Zona: Madrid Sur. Ofrecemos cursos de formación y coche de la empresa.
Enviar *curriculum vitae* a:
todoinformatica@recursoshumanos.com

H RECEPCIONISTAS DE HOTEL
Necesitamos recepcionistas para importante nuevo hotel de cinco estrellas en Alicante. Requisitos: buena presencia, título universitario en Turismo y hablar español, inglés, francés y alemán. Muy buen salario.
Interesados enviar CV con foto a:
hotelexcelsior@hotelandhosting.es

I GUITARRISTA
Necesitamos guitarrista (chico o chica entre 25 y 40 años) para grupo de *rock*. Necesario experiencia previa en otras bandas de *rock* y grabación de un disco en estudio. Tenemos actuaciones en directo durante todo el verano y en invierno ensayamos los fines de semana.
Interesados llamar al 666 900 783 (preguntar por Ricardo).

J PERIODISTAS
Televisión local busca jóvenes periodistas para hacer reportajes en la calle sobre los eventos culturales y sociales de la ciudad. Admitimos recién licenciados/as sin experiencia. Somos un canal nuevo. Valoramos la creatividad y las ganas de trabajar en equipo. Envía tu *curriculum* a:
canalmeridional@teleandalucía.es

	ENUNCIADOS	TEXTOS
0	Hay que trabajar con niños.	A
19	Hay que hablar varios idiomas.	
20	Es para trabajar en verano.	
21	No es necesario tener experiencia.	
22	Es necesario tener coche.	
23	La empresa forma a los trabajadores.	
24	Solo se trabaja los fines de semana.	

Tarea 5.

Vas a leer una noticia sobre el estreno en Aragón de un documental. Lee el texto y contesta a las preguntas 25-30. Selecciona la opción correcta (*a*, *b* o *c*) para cada pregunta.

Goya, el secreto de la sombra

Francisco de Goya, uno de los pintores más importantes del arte español de todos los tiempos, nació en Fuendetodos (Aragón) en 1746. En 1771 viajó a Italia para estudiar a los maestros italianos y estuvo allí un año. Volvió a Zaragoza e hizo algunas pinturas religiosas para iglesias de la ciudad. Entre 1775 y 1792 pintó para la aristocracia en Madrid: fue pintor de la familia real. En el invierno de 1792, en una visita al sur de España, enfermó gravemente y su estilo artístico cambió mucho, fue más dramático. Se exilió a Francia por motivos políticos y murió en Burdeos (Francia) en 1828.

En estos días, el pintor vuelve a estar de actualidad en su tierra natal gracias al cine.

La Fundación Goya en Aragón estrena el largometraje documental *Goya, el secreto de las sombras* una película que podrá verse en el auditorio del Instituto Aragonés de Arte y Cultura Contemporáneos (IACC) Pablo Serrano este sábado, día 29, a las seis de la tarde.

El director del film, David Mauas, ha dicho que se trata de «un paseo por el mundo del arte y el universo del pintor y por su extraordinaria leyenda».

El origen de este largometraje es la historia de Ramón, un fotógrafo de obras de arte que compra un cuadro y descubre que es una obra desconocida de Goya.

El director de la película entrevista a algunos especialistas en la obra de Goya, artistas e, incluso, habitantes de Fuendetodos, para ofrecer al espectador muchas ideas para la reflexión.

El film ya se estrenó en el Auditorio del Museo Nacional del Prado de Madrid el pasado 16 de junio y se presentará también en Barcelona, además de emitirse en la televisión de Cataluña.

Goya, el secreto de las sombras también se estrenará para todo el territorio español en la plataforma de cine virtual Filmin a partir del próximo 4 de noviembre.

(Adaptado de *www.20minutos.es*)

25 La noticia trata de:
 a la vida de Francisco de Goya.
 b una película documental sobre Goya.
 c el arte español en la época de Goya.

26 Goya...
 a vivió toda su vida en Aragón.
 b vivió en varios lugares.
 c pasó sus últimos días en España.

27 David Mauas es...
 a un crítico de arte.
 b un especialista en la obra de Goya.
 c el director del largometraje.

28 En el documental aparecen...
 a personas reales.
 b solo actores.
 c personajes de los cuadros de Goya.

29 *Goya, el secreto de las sombras*...
 a se estrena por primera vez en España.
 b se ha estrenado ya en Cataluña.
 c se estrena por primera vez en Aragón.

30 La película...
 a solo podrá verse en salas de cine.
 b podrá verse por televisión y en internet.
 c solo puede verse en auditorios de museos.

Examen DELE

2. Prueba de comprensión auditiva
Duración: 35 minutos

Tarea 1.

Vas a escuchar siete anuncios de radio. Los anuncios se repiten dos veces. Selecciona la opción correcta (a, b o c) para cada pregunta sobre los anuncios.

1 En la agencia Color.es...
  a dan entradas para asistir a espectáculos de marionetas.
  b organizan excursiones infantiles.
  ✓ c puedes comprar tarjetas especiales para invitaciones de cumpleaños.

2 En este mensaje publicitario anuncian...
  a un nuevo disco de varios artistas de música flamenco-pop.
  b una discoteca.
  c una página de internet.

3 Este anuncio va dirigido a...
  a deportistas profesionales.
  b personas que quieren cuidarse.
  c personas con tiempo libre.

4 Esta agencia ayuda a encontrar...
  a el amor de tu vida.
  b nuevos amigos.
  c compañeros de piso.

5 En Viajes Actívate organizan...
  a viajes comerciales.
  b viajes internacionales.
  c viajes personalizados.

6 Puedes comprar el nuevo Blackx B44...
  a por internet.
  b por teléfono.
  c en cualquier tienda.

7 Esta revista...
  a sale una vez a la semana.
  b trata de viajes.
  c cuesta 1,50 euros.

Tarea 2.

Vas a escuchar una noticia de radio sobre un evento deportivo en la ciudad de Oviedo. Escucharás la noticia dos veces. Selecciona la opción correcta (a, b o c) para cada pregunta (8-13). Ahora tienes 35 segundos para leer las preguntas.

PREGUNTAS:

8 La intención de esta noticia es...
  a hablar de ciclistas importantes.
  b informar sobre un evento cultural y deportivo.
  c presentar a nuevos ciclistas jóvenes.

9 El programa de radio es un programa que trata de...
  a ciclismo.
  b cultura.
  c deportes.

10 El Oviedo Global Cycling...
  a se ha celebrado más veces antes.
  b es la primera vez que se celebra.
  c es la segunda vez que se celebra.

11 Según la noticia, después del Oviedo Global Cycling, Carlos Sastre...
  a se retirará de las competiciones ciclistas.
  b entrenará a jóvenes ciclistas.
  c no volverá a otra edición del Oviedo Global Cycling.

12 En este evento pueden participar...
  a ciclistas no profesionales y ciclistas con alguna discapacidad.
  b solo grandes ciclistas y jóvenes principiantes.
  c solo personas con bicicletas antiguas.

13 Según la noticia, en el concurso literario pueden participar...
  a solo personas de Asturias.
  b todo tipo de personas.
  c solo niños de 6 a 14 años.

Nuevo Avance Básico

Tarea 3. 🔊 42

Vas a escuchar siete mensajes. Escucharás cada mensaje dos veces. Selecciona el enunciado (A-J) que corresponde a cada mensaje (14-19).
Hay diez enunciados, incluido el ejemplo. Selecciona seis.
Ahora tienes 35 segundos para leer los enunciados.

	MENSAJES	ENUNCIADOS
0	1	A
14	2	
15	3	
16	4	
17	5	
18	6	
19	7	

	ENUNCIADOS
A	Propone un cambio de hora.
B	Puede obtener un teléfono móvil gratis.
C	No puedes sacar libros de la biblioteca.
D	Cierran enseguida.
E	No están ahora.
F	No se puede tener el teléfono conectado.
G	Están de vacaciones.
H	Le ofrecen móviles rebajados de precio.
I	No pueden proyectar la película.
J	Pregunta por una dirección.

Tarea 4. 🔊 43

Vas a escuchar una conversación telefónica entre una trabajadora de una tienda y un cliente. Escucharás la conversación dos veces. A continuación, selecciona la opción correcta (*a*, *b* o *c*) para cada pregunta (20-25).

20 El hombre ha comprado los artículos...
   a en un almacén de segunda mano.
   b en un hipermercado.
   c en una tienda de muebles y decoración.

21 Los muebles que tienen algún problema son:

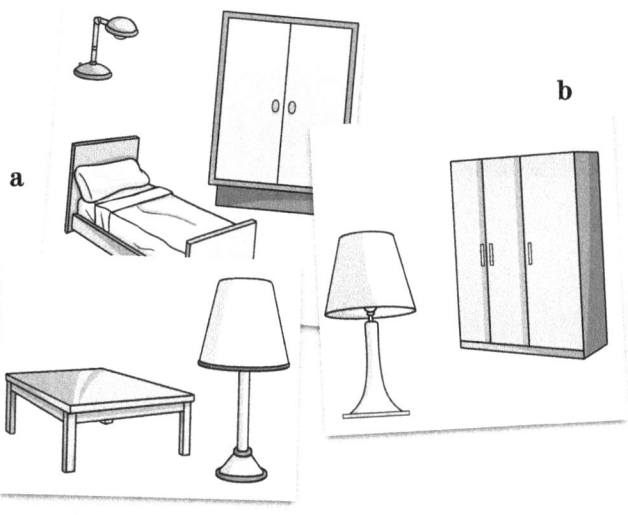

22 La lámpara...
   a no está bien conectada.
   b no se apaga.
   c no se enciende.

23 El armario...
   a no se puede montar porque faltan piezas.
   b no se puede abrir.
   c es demasiado grande.

24 Para poder cambiar los aparatos es necesario...
   a devolverlos en un plazo de veinticuatro horas.
   b presentar el justificante de compra.
   c dar todos los datos personales.

25 El cliente...
   a no puede esperar tanto tiempo.
   b está satisfecho con el servicio de la tienda.
   c va a llamar por teléfono al técnico de la tienda.

Examen DELE

Tarea 5. 🎧 44

Vas a escuchar una conversación entre dos personas, Alfredo y Milagros. Escucharás la conversación dos veces. Después selecciona la imagen (A-H) que corresponde a cada enunciado (26-30). Hay ocho imágenes y tienes que seleccionar cinco.

	ENUNCIADOS	IMAGEN
26	El lugar adonde va Alfredo.	
27	Cuántos hijos tiene Alfredo.	
28	Qué época del año es.	
29	Qué toman en casa de Milagros todos los días.	
30	Qué remedio casero recomienda Alfredo para el catarro.	

3. Prueba de expresión e interacción escritas

Duración: 50 minutos

Tarea 1.

Normalmente participas en el foro sobre cine de la página web www.rodamos.net. Escribe un mensaje en el foro, en el que debes:

- hablar de la última película que has visto.
- decir de qué trata la película, cuándo y dónde la viste.
- explicar cuál es tu película favorita de todas las que has visto y por qué.

Número de palabras: entre 30 y 40.

Examen DELE

Tarea 2.

Llevas cinco meses estudiando español en España y escribes una carta a un/a amigo/a mexicano/a. En la carta debes:

- hablar del centro donde estudias español.
- describir la ciudad donde vives.
- hablar de otros lugares que has visitado.
- hablar sobre tus compañeros/as de clase y/o tus nuevos/as amigos/as.

No olvides saludar y despedirte.

Número de palabras: entre 70 y 80.

Tarea 3.

Estas son las imágenes de la vida de una persona. Escribe un texto sobre su vida. En él tienes que contar:

- Cómo se llama esta persona y de dónde es.
- Cómo era esta persona y su familia cuando era pequeña.
- Cuáles han sido los acontecimientos más importantes de su vida.

Número de palabras: entre 70 y 80.

Biografía de...

4. Prueba de expresión e interacción orales

Duración: 15 minutos

Tienes 15 minutos para preparar las tareas 1 y 2 antes del inicio de la prueba.

Tarea 1.

Tienes que hablar ante tu profesor/a sobre la familia durante 3 o 4 minutos. Elige una de las dos opciones.

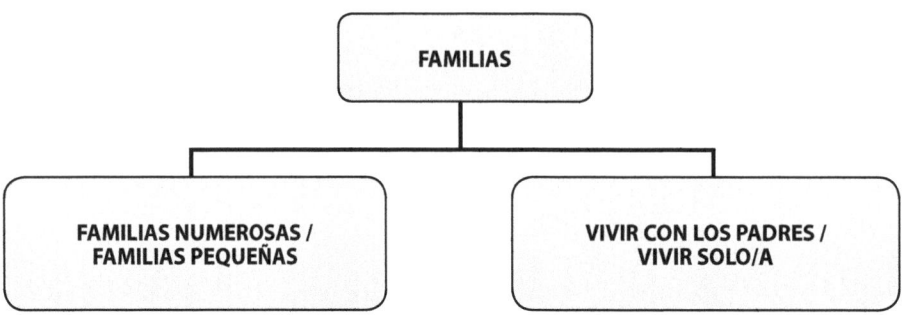

Estas preguntas pueden ayudarte a preparar tu monólogo:

- ¿Es tu familia numerosa o pequeña?
- ¿Cuántos hermanos tienes? ¿Tienes hijos?
- ¿A qué edad se casa la gente normalmente en tu país?
- ¿Cuántos hijos suelen tener las familias en tu país?
- ¿Cuáles son las ventajas y desventajas de una familia numerosa?
- Y, ¿de una familia pequeña?
- ¿Vives solo/a o has vivido solo/a alguna vez? ¿Cómo fue la experiencia?

- ¿Te gusta vivir solo/a o prefieres vivir con tu familia o con compañeros/as de piso?
- ¿Qué ventajas y desventajas crees que tiene vivir solo/a?
- ¿Hasta qué edad es habitual vivir con los padres en tu país?
- ¿Ha cambiado la situación con respecto al pasado en tu país?
- ¿Es la misma situación para los chicos y las chicas?

Tarea 2.

Tienes que describir la siguiente fotografía durante 2 o 3 minutos. Tienes que hablar sobre el lugar, las personas, los objetos y las acciones.

Tarea 3.

A partir de la fotografía de la Tarea 2 debes dialogar con tu profesor/a en una situación simulada durante aproximadamente 3 o 4 minutos.

EN UN BAR

Instrucciones del profesor/a:
Imagina que estamos en un bar: yo soy el/la camarero/a y tú eres un/a cliente/a que quiere tomar algo.

Posible inicio de la conversación:
Profesor/a: *Buenas tardes, ¿qué va a tomar?*
Tú: *Un botellín de agua...*
Profesor/a: *¿Con gas o sin gas?*
Tú: ...

Examen DELE

Tarea 4.
Debes dialogar con tu profesor/a durante 3 o 4 minutos según la información de las fichas, e intentar llegar a un acuerdo.

FICHA A: PROFESOR/A

Un/a amigo/a y tú tenéis que comprar un regalo para otro/a amigo/a. Tú crees que es mejor preguntarle qué quiere de regalo y tu amigo/a cree que es mejor hacer un regalo sorpresa.

Debes:
- Decir a tu amigo/a que prefieres preguntar a vuestro/a amigo/a común qué quiere de regalo.
- Explicar por qué prefieres hacer esto.

Ventajas de preguntarle qué quiere:
- Estamos seguros de que el regalo le va a gustar. Si es ropa o calzado sabemos la talla y el número y después no tiene que ir a la tienda a cambiarlo.
- Es más fácil porque no tenemos que pensar mucho y no perdemos tiempo.

Desventajas de hacer un regalo sorpresa:
- ¿Y si no le gusta el regalo?
- Tenemos que pensar qué regalarle para estar seguros de que le va a gustar, y no tenemos mucho tiempo.

FICHA B: TÚ

Un/a amigo/a y tú tenéis que comprar un regalo para otro/a amigo/a. Tú crees que es mejor hacer un regalo sorpresa y tu amigo/a cree que es mejor preguntarle qué quiere de regalo.

Debes:
- Decir a tu amigo/a que prefieres hacer un regalo sorpresa.
- Explicar por qué prefieres hacer esto.

Ventajas de hacer un regalo sorpresa:
- Es más bonito. Nuestro/a amigo/a sabe que hemos pasado tiempo pensando en el regalo ideal.
- Es más divertido porque podemos ir de compras y decidir juntos cuál es el mejor regalo.

Desventajas de preguntarle qué quiere:
- No es original. Casi es mejor darle una tarjeta regalo de unos grandes almacenes y así él/ella puede comprar lo que quiere directamente.
- Nuestro/a amigo/a pensará que no queremos perder tiempo pensando en su regalo y en sus gustos.

Soluciones

Unidad Preliminar

Actividad 1
A 1 b 2 a 3 a 4 a 5 b 6 a
B Respuesta libre.

Actividad 2
Camarero: coche, cuatro, kilo, quinto, Cuba, Costa Rica, queso.
Zapato: zorro, zumo, cine, cinco, cena.
Jueves: jamón, jugar, gente, Jerez, girasol, jirafa.
Guatemala: goma, gato, Galicia, guapo, guitarra, guerra.

Actividad 4
A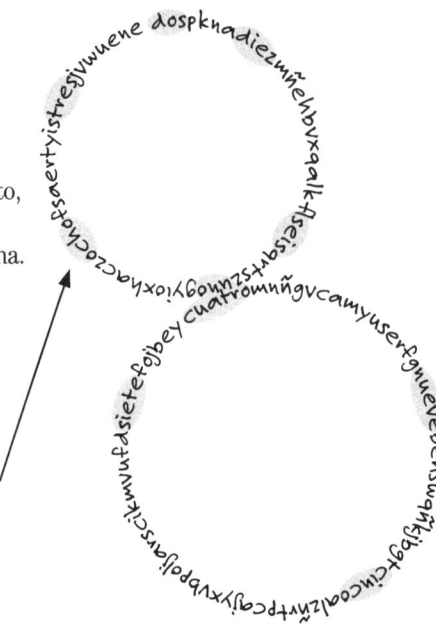
B El número ocho.

Actividad 5
1 ¿Puede repetir?, ¿Puede deletrear?
2 ¿Qué significa?
3 ¿Cómo se escribe?, ¿Puede escribirlo en la pizarra?
4 ¿Cómo se pronuncia?

Actividad 6 A
A 1 Despedirse 2 Saludar 3 Saludar 4 Despedirse
B 1 d 2 c 3 a 4 b
C Respuesta libre.

Actividad 7
Respuesta libre.

Actividad 8
Respuesta libre.

Unidad 1: *Ser o no ser*

Actividad 1
1 Somos 2 es, Es 3 es, Es 4 sois, Somos 5 es, Es 6 soy 7 es, Soy 8 es, Es 9 son, Son 10 sois, Somos

Actividad 2
1 La, blanca 2 La, roja, amarilla 3 El, amarillo 4 La, verde, roja, blanca 5 El, azul 6 La, verde 7 El, naranja 8 El, marrón 9 El, negro, blanco, rojo, verde 10 Las, verdes, negras

Actividad 3
Diálogo 1
● Hola Pedro, ¿qué tal?
▼ Muy bien. ¿Y tú?
● Bien. Mira, te presento a mi amigo Luis.
▼ ¡Hola Luis!
● Encantado.

Diálogo 2
● Buenos días. Soy Mª José Ortega.
▼ Buenos días. Encantada de conocerla, señora Ortega. Yo soy Alicia Ochoa, la secretaria. ¿Cómo está usted?
● Encantada, señora Ochoa.

Actividad 4
A 2 Wangari Maathai 3 Ray Loriga 4 Oscar Niemayer 5 Stephanie Rice 6 Ángeles Mastretta

B 2 Se llama Wangari Maathai, es keniata y es ecologista. 3 Se llama Ray Loriga, es español y es escritor y guionista de cine. 4 Se llama Oscar Niemayer, es brasileño y es arquitecto. 5 Se llama Stephanie Rice, es australiana y es nadadora. 6 Se llama Ángeles Mastretta, es mexicana y es escritora.

Actividad 5 / Actividad 6
Respuesta libre.

Actividad 7
A

D	P	G	U	A	P	A	I	N	
E	M	O	R	E	N	O	E	V	
L	A	R	T	I	P	V	O	E	
G	L	I	A	F	O	Z	G	U	
A	Y	T	O	J	E	B	A	J	
D	L	V	R	S	A	R	E	T	
A	P	H	R	U	B	I	O	M	

B 2 delgado/delgada
3 moreno/morena 4 alto/alta
5 bajo/baja 6 rubio/rubia
7 gordo/gorda 8 joven/joven

Actividad 8
1 V 2 V 3 F 4 F 5 V 6 V 7 F 8 V

Soluciones

Actividad 9
cinco astronauta, **uno** actriz, **siete** futbolista, **seis** jardinero, **dos** profesora, **cuatro** escritora, **diez** pintora, **ocho** fotógrafo, **nueve** camarera, **tres** médico.

Actividad 10

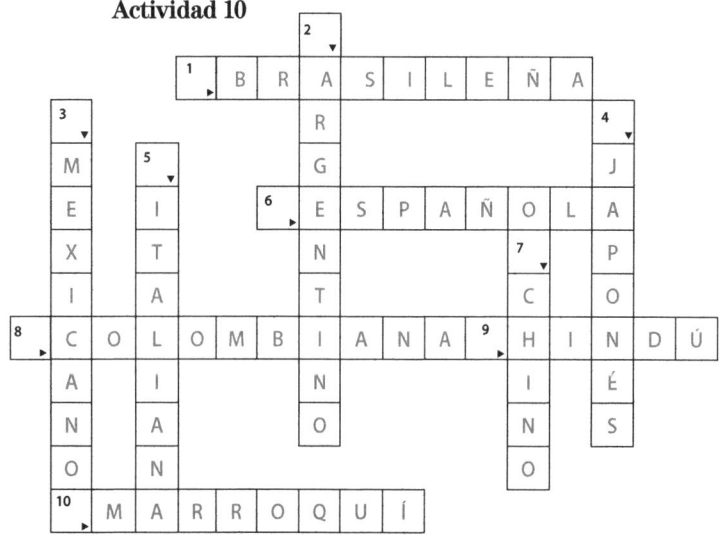

Unidad 2: ¿Estudias o trabajas?

Actividad 1
1 b 2 a 3 a 4 b 5 a 6 b 7 b 8 b

Actividad 2 A

Actividad 2 B
Nadal

Actividad 3
A a 5 b 7 c 2 d 8 e 4 f 10 g 3 h 6 i 1 j 9
B a Fernando Alonso **b** Iker Casillas **c** Gabriel García Márquez **d** Paulina Rubio **e** Penélope Cruz **f** Sara Baras **g** Plácido Domingo **h** Ferran Adriá **i** Mireia Belmonte **j** Pedro Almodóvar

Actividad 4
A 28, 16, 19, 15, 23, 30
B a veinticuatro **b** doce **c** diecisiete **d** trece
e dieciocho **f** veinticinco

Actividad 5
Respuesta libre.

Actividad 6
1 de **2** en **3** en **4** de, a, de **5** del, de **6** al

Actividad 7
2 Tú **3** Tú **4** Usted **5** Tú **6** Usted

Nuevo Avance Básico 127

Soluciones

Actividad 8

O	F	A	M	L	L	I	T	R	E	S	T	I	M	A
N	E	O	C	I	U	K	S	C	O	L	E	G	I	O
L	E	G	U	Ñ	R	R	O	X	A	L	E	I	D	P
B	O	T	U	Y	O	C	I	N	A	M	L	A	B	A
J	R	U	G	E	N	I	P	A	M	O	C	E	F	I
C	E	Z	E	A	D	I	Q	D	U	R	F	A	G	E
A	S	I	B	A	R	O	Q	M	E	D	I	Z	O	D
M	T	S	U	B	F	A	R	M	A	C	I	A	D	I
Ñ	A	T	O	U	F	B	R	I	O	N	E	S	I	S
V	U	H	U	E	T	E	L	O	U	X	F	I	O	C
Y	R	K	O	E	P	I	S	C	I	N	A	W	I	O
L	A	R	E	U	Ñ	R	O	P	I	R	A	C	I	T
J	N	A	S	A	C	I	N	A	E	C	A	L	L	E
V	T	A	L	L	E	R	Y	O	F	A	R	I	A	C
O	E	R	T	I	N	A	W	A	Z	E	T	R	I	A

Actividad 9

1 De Cádiz **2** Es nadadora **3** Un coche especial, velocidad y concentración **4** El Nobel de Literatura **5** En un restaurante **6** Es muy elegante **7** En Madrid **8** De México **9** Penélope Cruz **10** Iker Casillas

Actividad 10
Respuesta libre.

Unidad 3: *Estoy en España*

Actividad 2A

L	W	O	P	I	Z	A	R	R	A	E	L	M	U	L
S	G	M	E	F	O	R	A	M	I	L	H	S	Z	I
T	O	F	V	I	V	B	O	L	I	G	R	A	F	O
G	G	O	J	U	L	A	S	Z	Y	U	B	O	M	V
E	F	O	M	L	O	B	L	O	N	D	I	M	A	O
Q	U	I	M	A	R	E	T	V	X	A	O	E	L	Ñ
H	A	N	S	A	C	A	P	U	N	T	A	S	B	U
G	S	I	L	A	T	U	J	U	N	M	T	A	F	O
X	I	F	I	E	M	L	A	P	I	Z	C	A	M	U
O	L	A	P	V	S	W	A	D	Q	T	F	H	U	R
S	L	R	K	I	M	A	T	R	E	N	O	N	I	L
U	A	F	E	S	T	U	C	H	E	R	E	G	S	I
C	U	A	V	G	O	G	I	L	A	F	N	I	M	B
Z	A	H	A	B	L	O	C	V	E	N	M	O	T	R
J	U	A	R	I	D	A	V	E	N	F	A	L	O	O

B 2 el cuaderno, los cuadernos/un cuaderno, unos cuadernos **3** el libro, los libros/un libro, unos libros **4** la goma, las gomas/una goma, unas gomas **5** la silla, las sillas/una silla, unas sillas **6** la pizarra, las pizarras/una pizarra, unas pizarras **7** el estuche, los estuches/un estuche, unos estuches **8** la mesa, las mesas/una mesa, unas mesas **9** el bolígrafo, los bolígrafos/un bolígrafo, unos bolígrafos **10** el sacapuntas, los sacapuntas/un sacapuntas, unos sacapuntas **11** la regla, las reglas/unas regla, unas reglas **12** la carpeta, las carpetas/una carpeta, unas carpetas;

Actividad 3
2 Está debajo de la mesa. **3** Está al lado de la mesa. **4** Está a la derecha del sillón. **5** Está a la izquierda del sillón. **6** Está en el sillón. **7** Está detrás del sillón. **8** Está delante de la mesa. **9** Está encima de la mesa. **10** Está junto a la mesa. **11** Está sobre el sillón. **12** Está al fondo del salón.

Actividad 4
2 es **3** está **4** están **5** hay **6** está **7** son **8** hay **9** hay **10** está

Nuevo Avance Básico

Soluciones

Actividad 5
1 la 2 los 3 Un, unos, unas, un 4 la, el 5 unos, unos, unas 6 la 7 las, El, el, el, el 8 unos, los, las 9 la, la 10 una, un

Actividad 6
1 Allí. 2 Ahí. 3 Aquí.

Actividad 7
A Es el aula 2.
B Respuesta libre.

Actividad 8
B 1 Ocho: Almería, Cádiz, Córdoba, Granada, Huelva, Jaén, Málaga y Sevilla.
2 Granada, Córdoba, Sevilla, Málaga, el Parque Nacional de Doñana, Jerez de la Frontera, la Costa de la Luz, etc.
3 Sí, hay muchos: la Catedral, la torre de la Giralda y la torre del Oro en Sevilla, la Alhambra y los jardines del Generalife en Granada, la Mezquita de Córdoba, los conjuntos monumentales renacentistas de Úbeda y Baeza en Jaén, etc.

C 1 ¿Cuál es el río principal de Andalucía? 2 ¿Cómo es el clima de Andalucía? 3 ¿Qué son el gazpacho y el pescadito frito?

D Respuesta libre.

Actividad 9
2 La segunda calle a la derecha y después la primera a la izquierda.
3 Todo recto y la primera calle a la derecha, al fondo está la Plaza y ahí está la Catedral.

Actividad 10
Respuesta libre.

Unidad 4: *La familia, bien gracias*

Actividad 1

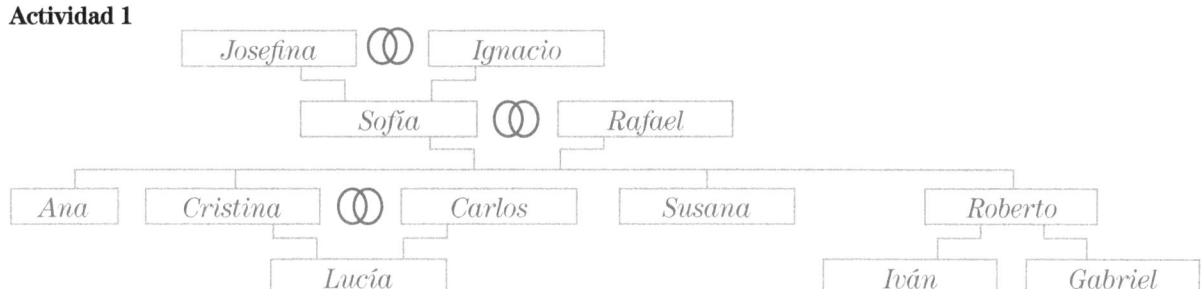

B Respuesta libre

Actividad 2

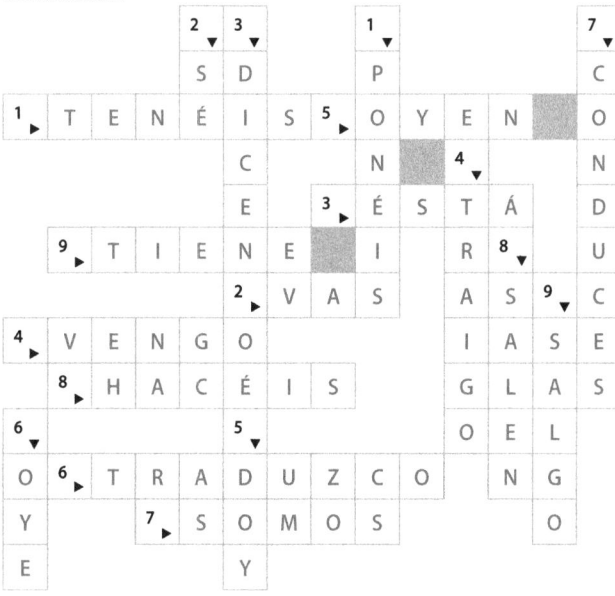

Actividad 3
A 3 México 4 jugar al ajedrez 5 hacer un bizcocho 6 jugar al fútbol 7 mi profesor/a 8 tocar el piano 9 ruso 10 los amigos de mi novio/a 11 Museo del Prado 12 Barcelona 13 esquiar 14 Roma 15 los abuelos de mi novio/a 16 nadar 17 cocinar
B Respuesta libre.

Actividad 4
1 hace aeróbic 2 va al cine, practica tai chi 3 va a clases de alemán 4 cena con su amigo Álvaro. Va al monte con sus amigos 5 tiene reuniones de trabajo 6 come con su madre.

Actividad 5
1 b 2 a 3 f 4 g 5 h 6 c 7 d 8 e

Actividad 6
B Haigo-Correcto: hago; Traduzo-Correcto: traduzco; Pono-Correcto: pongo; Sabo-Correcto: sé; Conozo-Correcto: conozco
C 1 Es una ciudad muy bonita. 2 Dos. Se llaman Arturo y David. 3 Es enfermera. 4 A las 13.00. 5 Trabaja en un bar del centro. 6 Da una vuelta con sus amigos de la academia de español.

Nuevo Avance Básico

Soluciones

Actividad 7
2 su 3 mis 4 sus 5 nuestros
6 vuestros 7 su 8 tu, mis 9 tus
10 mi

Actividad 8
1 Rafael y Sofía 2 Tres. Lucía, Iván y Gabriel 3 Tienen 3 hijas, Ana, Cristina y Susana. 4 Carlos
5 De Sofía

Actividad 9
A 1 F 2 F 3 V 4 F 5 V
B 4, 3, 1, 5, 2

Actividad 10
Respuesta libre.

Unidad 5: *De fiesta en fiesta*

Actividad 1
Agenda de Víctor
Sábado 5: la Biblioteca Municipal, 10.00, 17.30, 20.00, Teatro Principal.
Domingo 6: Cine *Más allá de la vida*, el cine Florida, 20.30
Agenda de Marta
Sábado 5: 11.00, Ir al teatro, 20.00, Teatro Principal.

Actividad 2
A 1 El 24 de junio. 2 La llegada del verano. 3 Se hacen hogueras y se queman cosas viejas, hay verbenas, la gente va a la playa y se acuesta muy tarde porque espera la salida del sol. 4 En Cataluña, Alicante, Soria y Málaga. 5 Pisar el fuego descalzo y a veces llevar a otra persona en la espalda. 6 Respuesta libre.
B Respuesta libre.

Actividad 3
2 luna 3 cielo 4 mar 5 playa 6 montaña
7 sol 8 campo
a sol b playa c campo d estrella e luna
f montaña g cielo h mar

Actividad 4
1 muchos 2 mucho 3 mucha 4 muy
5 muy 6 mucho, muchos 7 muy 8 muy
9 mucho 10 mucho, mucha

Actividad 5
1 sustituye 2 Puedes, veo 3 consigo, quiero, pierdo 4 sueles, voy, jugamos
5 cierran 6 prefiere 7 encuentro, Tengo, traigo 8 Sueño, pierdo, empiezan, llego, me acuerdo 9 Incluyen 10 Pienso, cuento 11 puedo, oigo, leo, hago, suelo, enciendo, consigo

Actividad 6
se celebra, Estudio, vivo, vuelvo, puedo, salgo, nos acostamos, duerme, recuerdan, pienso, Quieres.

Actividad 7
Respuesta libre.

Actividad 8
1 c 2 i 3 f 4 g 5 a 6 e

Actividad 9
2 el 7 de julio 3 el 6 de julio, 8 de julio
4 Fangoria 5 deportes rurales vascos
6 Fermín y Santi 7 el 7 de julio 8 el 6 de julio

Actividad 10
Respuesta libre.

Unidad 6: *Un día normal en la vida de...*

Actividad 1
A Respuesta libre.
B b maquillarse, 6 c vestirse, 10 d leer revistas de moda, 4 e depilarse, 9 f ponerse perfume, 7 g darse crema, 2 h ir a la peluquería, 8 i afeitarse, 6 j lavarse el pelo, 3
C y D Respuesta libre.

Actividad 2
A 1 En la radio. Es locutora de radio. 2 No. Es un trabajo apasionante para Olga. 3 A las 4.00 de la madrugada.
4 A las 5.00 de la madrugada. 5 Seis horas y media.
6 Habla con sus hijos. 7 Lee los periódicos, ve la tele, repasa el guion de su programa, estudia y habla por teléfono con su madre y con amigas. También merienda un poco. 8 Cena en la radio con los compañeros. 9 A la 1.00 de la madrugada. 10 Porque pasa más tiempo con sus hijos.

Actividad 3
Respuesta libre.

Actividad 4

R	Y	I	U	H	J	B	V	C	X	M	K	P	D	J
Ñ	D	A	R	E	T	C	I	B	V	D	M	P	E	I
Q	W	A	B	C	I	P	U	L	L	I	P	U	N	A
L	X	Z	F	E	O	Y	O	T	A	M	E	L	T	Q
U	P	I	B	P	A	L	T	O	N	I	I	J	I	U
C	V	Z	E	I	R	A	L	Ñ	H	O	N	L	F	Y
R	O	B	T	L	G	E	N	E	R	O	E	H	R	E
A	R	R	I	L	J	G	A	T	B	G	E	M	I	Z
P	R	I	T	O	A	L	L	A	K	Ñ	O	Y	C	A
L	L	C	H	A	I	D	J	S	E	C	A	D	O	R
L	O	N	G	T	U	A	Y	M	B	H	K	P	U	I
E	V	U	C	A	R	Ñ	J	Y	Q	A	M	O	R	I
C	U	C	H	I	L	L	A	G	B	M	Ñ	I	B	O
W	X	I	L	E	N	T	O	S	H	P	V	I	V	I
R	I	C	A	T	H	O	A	E	S	U	F	I	P	F

130   Nuevo Avance Básico

Actividad 5
2 se duermen, se despiertan
3 me encuentro 4 Te sientes
5 Nos vamos 6 se viste 7 se cepillan
8 se peina, se cepilla 9 te sientas
10 se llama 11 Me río, me aburro

Actividad 6
2 Ø 3 se, me 4 Os, Ø 5 se 6 nos, me, me, me, me 7 te 8 se, Ø 9 os, nos, nos, nos 10 Ø

Actividad 7
1 d 2 c 3 b 4 a

Actividad 8
una camisa de cuadros, dos camisetas, un impermeable, unos pantalones, dos o tres calzoncillos, dos o tres pares de calcetines, unas zapatillas deportivas, unos guantes, una gorra, una cartera del dinero, un peine, una cuchilla de afeitar, un cepillo de dientes, pasta de dientes, un Ipod, un teléfono móvil, una cámara de fotos, un libro.

Actividad 9
2 C 3 I 4 A 5 G 6 F

Actividad 10
Posibles respuestas: 1 La 42 2 ¿A qué hora te levantas? 3 ¿Qué número de pie tienes? 4 Todos los días, un día a la semana.

Actividad 11
Respuesta libre.

Unidad 7: *Para gustos están los colores*

Actividad 1
Respuesta libre.

Actividad 2
Respuesta libre.

Actividad 3
2 una amiga 3 perro 4 ir al cine
5 supermercado 6 grande
7 bailar 8 jueves 9 ver la tele
10 simpático

Actividad 4
A 2 La primavera, 3 El otoño,
4 El invierno
B Respuesta libre.

Actividad 5
A 2 Llueve 3 Nieva 4 Hay niebla
5 Está nublado 6 Hace viento
7 Hace frío 8 Hace calor
B Reproducir el mapa resuelto con todos los iconos en su sitio según la grabación

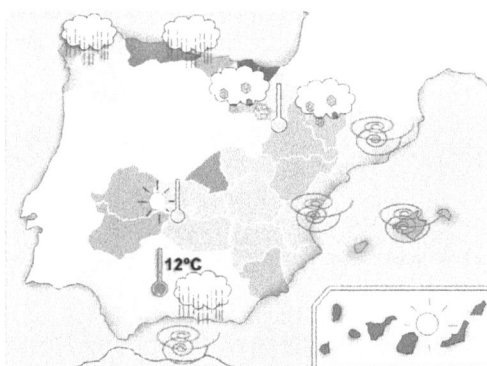

Actividad 6
1 me gustan 2 Te duele, me duele 3 nos encanta, Me molestan 4 os interesa, Nos gusta 5 te importa 6 les encanta, me gusta, te gustan 7 les apetece
8 me duelen 9 le gusta, me encanta
10 le gustan, le gusta

Actividad 7
Respuesta libre.

Actividad 8
1 poco 2 mucho 3 deprisa 4 despacio
5 mucho 6 nunca 7 nada 8 pronto
9 tarde 10 poco

Actividad 9
A 2 Alpinismo 3 Fórmula 1 4 Tenis
5 Atletismo 6 Natación 7 Golf
8 Balonmano 9 Waterpolo
10 Fútbol
B Respuesta libre.
C Respuesta libre.

Actividad 10
Respuesta libre.

Unidad 8: *¡Qué bueno!*

Actividad 1
A y B 2 las cebollas 3 las galletas
4 las uvas 5 los mejillones 6 el salmón
7 el aceite 8 el cerdo 9 los pepinos
10 el melón 11 los plátanos 12 las zanahorias 13 el arroz 14 las gambas
15 el pollo 16 el chocolate 17 el melocotón 18 las patatas 19 los tomates
20 la pasta 21 la fresa 22 las manzanas
23 la lechuga 24 las sardinas 25 la leche
26 los pimientos 27 la sandía 28 el ajo
29 el queso 30 el cordero 31 la coliflor
32 la mermelada 33 las peras
C Respuesta libre.

Actividad 2
2 b, c 3 b, d 4 b, d 5 b, c

Actividad 3
2 En la frutería 3 En la pescadería
4 En la carnicería 5 En la pescadería
6 En la frutería 7 En la frutería

Soluciones

Actividad 4
Posibles respuestas:
1 Dos kilos de tomates
2 ¿A cuánto están las almejas?
3 ¿Cuánto es?
4 Sí, unos ajos.

Actividad 5
1 Una caja de galletas tiene más kilocalorías que un vaso de leche. 2 La casa de Inés tiene más dormitorios que la mía. 3 En nuestra clase hay tantos alumnos como en la clase de español B1. 4 La casa de mis padres es más grande que la mía. 5 Me gusta el queso feta tanto como el queso mozzarella. 6 El arroz tiene que hervir más tiempo que la pasta.

Actividad 6
A 2 ¡Qué manzanas más ricas! 3 ¡Qué simpático es el novio de tu amiga! 4 ¡Cuánto estudia tu compañera de clase! 5 ¡Cuánto ruido hay en tu barrio!/¡Qué ruido hay en tu barrio! 6 ¡Qué ordenada está la casa! 7 ¡Cuántos libros lee Alberto! 8 ¡Qué pronto se levanta Susana! 9 ¡Qué anchoas más buenas hay en la pescadería! 10 ¡Cuántos yogures hay en la nevera!
B Respuesta libre.

Actividad 7
A
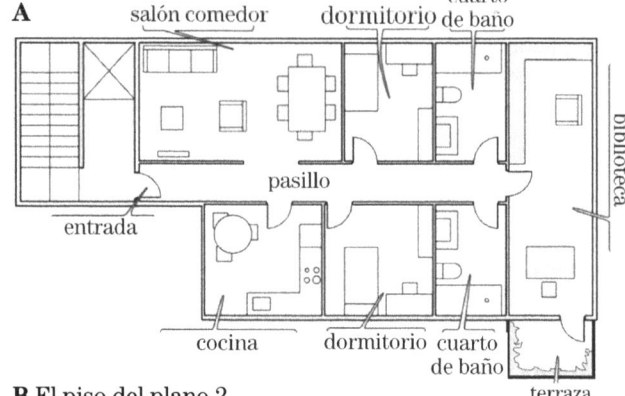
B El piso del plano 2.

Actividad 8
Respuesta libre.

Actividad 9
1 Tengo que llevar un bañador. / Tengo que llevar el bañador. / Tengo que llevar bañador. 2 Tiene que llevar el pasaporte. / Tiene que llevar pasaporte. 3 Tengo que llevar el libro Nuevo Avance 1. 4 Tiene que llevar una botella de vino. 5 Tengo que llevar unos guantes y un gorro. / Tengo que llevar los guantes y el gorro. / Tengo que llevar guantes y gorro. 6 Tienen que llevar el carné de conducir. / Tienen que llevar carné de conducir. 7 Tenemos que llevar dinero. 8 Tenéis que llevar un regalo.

Actividad 10
Respuesta libre.

Unidad 9: ¿Qué te ha dicho el médico?

Actividad 1
B 1 F 2 F 3 V 4 F 5 V 6 V
7 F 8 F 9 V 10 F 11 V
12 F 13 V
C Respuesta libre.

Actividad 2
1 b 2 b 3 b 4 a 5 a

Actividad 3
A 2 la oreja 3 la cara 4 el cuello 5 la espalda 6 el brazo 7 la muñeca 8 la mano 9 la uña 10 la rodilla 11 la pierna 12 el pelo 13 el ojo 14 la nariz 15 la boca 16 el hombro 17 el pecho 18 el codo 19 el ombligo 20 los dedos 21 el tobillo 22 el pie
B 2 las uñas 3 los codos 4 los hombros 5 los ojos 6 las narices 7 las muñecas 8 los brazos 9 los pechos 10 los pies 11 las rodillas 12 las piernas 13 los pelos 14 los tobillos
C la pierna, la cabeza, las uñas, en los hombros, la muñeca, la nariz, el cuello, el pelo

Actividad 4
1 g 2 a 3 c 4 f 5 b

Actividad 5
2 un vestido 3 las fresas 4 un reloj 5 unos guantes 6 la paella 7 un email/un correo electrónico 8 las plantas/las flores

Actividad 6
1 A, A 2 en, en, a, en, de, a 3 En 4 por, de, de, a 5 de, de 6 Por, Para, por - a, por - a 7 En, En, de 8 Por, a, de, con, para 9 sin 10 con, de

Actividad 7
1 ninguna, algunos 2 mucho, muchos 3 algo, algunas, ningún 4 muy 5 nadie 6 mucha, muchas, muchos 7 mucho 8 ninguno 9 muchas, mucho 10 algún, ninguno 11 algo, muy

Actividad 8
Posible respuesta: Ha ido a los conciertos de Maná, Alejandro Sanz, Juanes, U2, Amy Winehouse, Madonna, Ricky Martin, ha estudiado portugués y ha leído a Saramago y Pessoa, ha ido mucho al cine, ha viajado a Roma, Berlín, París, India, Perú, China, ha escrito un diario, ha tenido dos perros.

Soluciones

Actividad 9
A 1 la boca, diez, diez, los ojos, la boca, ojo, diez (cinco y repetir) 2 la boca, aire, un carrillo 3 labios, u, los dedos, los labios, lechuga

B Respuesta libre.

Actividad 10
Respuesta libre.

Unidad 10: *Ser o estar, esta es la cuestión*

pasillo

Actividad 1
A **Diálogo 1:** 1 todo recto 2 subes 3 llegar 4 a la izquierda 5 giras
Diálogo 2: 1 sigues 2 coges 3 a la derecha 4 giras
B Respuesta libre.

Actividad 2
1 b 2 a

Actividad 3

R	B	B	P	A	L	E	G	R	E	P	F	I	T	B	H	O	Y	J	A
E	L	K	A	L	L	I	G	O	R	T	A	N	E	F	E	T	I	J	A
T	O	Z	E	I	P	Ñ	U	A	M	O	R	T	L	J	A	G	E	R	O
R	I	M	A	S	A	O	E	N	O	N	A	R	Z	X	S	E	D	A	I
A	Q	S	C	V	A	E	Ñ	G	I	K	L	O	D	I	T	A	E	R	O
B	A	S	C	O	S	A	O	A	W	G	I	V	A	S	R	O	E	F	M
A	B	A	J	A	S	D	F	B	C	I	D	E	I	T	A	E	H	I	D
J	I	G	E	R	I	W	A	I	S	A	Z	R	E	A	N	O	K	I	V
A	Q	W	E	R	Y	D	F	E	S	X	T	T	I	T	Q	U	E	M	A
D	I	E	R	Z	A	Z	E	R	F	I	R	I	D	A	U	G	D	S	G
O	V	U	G	I	G	A	W	T	Y	U	V	D	O	D	I	L	I	M	A
R	B	E	R	T	Y	H	A	O	F	I	D	O	G	I	L	S	V	E	E
A	S	Q	E	R	T	I	C	F	O	F	E	D	A	R	A	C	E	M	E
Q	U	I	E	R	A	S	N	A	E	G	Y	J	A	L	D	E	R	X	I
B	I	B	A	X	Y	M	A	L	E	D	U	C	A	D	O	G	T	S	F
C	E	R	I	Q	X	D	A	F	A	D	I	N	F	A	D	A	I	Z	B
A	N	T	I	P	Á	T	I	C	O	H	Y	J	A	J	R	I	D	A	W
V	I	A	S	E	T	R	E	T	R	I	S	A	X	E	F	E	O	D	A

Actividad 4
A 1 es 2 es 3 es 4 está 5 es 6 está 7 es 8 está 9 está 10 es 11 está 12 es 13 es
B Respuesta libre.

Actividad 5
1 algún, ninguno 2 tercer, primero 3 buen 4 mal 5 gran, bueno 6 gran, primer 7 ninguna, buen

Actividad 6
Respuesta libre.

Actividad 7
Respuesta libre.

Actividad 8
1 b 2 b 3 a 4 c 5 c 6 c

Actividad 9
B 1 Respuesta libre. 2 Es periodista y también da clases particulares de latín. 3 Viajar y la fotografía. 4 Personas optimistas, trabajadoras, generosas y aficionadas a viajar y a aprender idiomas. 5 De Panamá. 6 Francés y alemán. 7 Porque tiene orígenes italianos. 8 Viaja a otros países y colabora con organizaciones solidarias. 9 Ella dice que es simpática, abierta y divertida.

Actividad 10
Respuesta libre.

Unidad 11: *Hay que hacer muchas cosas*

Actividad 1
1 ¿qué van a tomar? 2 pincho 3 sin 4 croquetas 5 vienen 6 ronda 7 aceitunas 8 Marchando 9 Aquí están. 10 Hoy pago yo. 11 Aquí tiene.

Actividad 2
1 cucharilla 2 cuchara 3 vaso 4 salero 5 tenedor 6 cuchillo 7 taza 8 mantel 9 plato 10 copa 11 servilleta

Actividad 3
1 a La chica va a dormir. b La chica está durmiendo. c La chica ha dormido. 2 a El chico va a ver una película en el cine. b El chico está viendo la película. c El chico ha visto la película. 3 a El chico va a hacer la compra. b El chico está haciendo la compra. c El chico ha hecho la compra.

Actividad 4
1 d 2 f 3 a 4 c 5 b 6 h 7 i 8 j 9 g 10 e

Actividad 5
El camarero está sirviendo una bebida. Javier está jugando en la máquina tragaperras. Mila está leyendo el periódico. Cris, María y Olga se están riendo/están hablando/están tomando un café. Iván está escribiendo un correo electrónico. Leticia está tomando un café. Miguel está bebiendo una copa de vino. Santi está pidiendo. Clara está hablando por teléfono. Jorge está viendo la televisión. Andrés, Luis, José y Carlos están jugando a las cartas. Luis está pagando y su hijo Alejandro está llorando. Lola está entrando al bar. Sergio y Alonso están saliendo del bar.

Nuevo Avance Básico

Actividad 6
1 b 2 d 3 c 4 a

Actividad 7
1 E 2 A 3 F 4 D

Actividad 8
1 C 2 D 3 A

Actividad 9
1 C 2 D 3 A 4 E

Actividad 10
Respuesta libre.

Actividad 11
A Respuesta libre.
B 1 El jamón, el queso, el vino, el aceite de oliva, el cava, las naranjas, los tomates y los espárragos. 2 Más de dos mil. 3 En el País Vasco. 4 De la oveja. 5 Dos, un control sanitario y otro sensorial. 6 Es un control sensorial: los expertos prueban el alimento y diferencian su olor, su sabor y su textura. 7 Con membrillo.
C Respuesta libre.

Unidad 12: *De viaje*

Actividad 1

	Maribel	Sonia	Quique
¿Adónde fueron?	A las islas Canarias.	A un pueblo del valle del Roncal, en Navarra.	A Chile.
¿Cuándo?	En Navidad.	En mayo.	El verano pasado.
¿Cómo?	En avión.	En moto.	En coche.
¿Con quién?	Fue con su marido.	Fue sola.	Fue con su novia.
¿Dónde se alojaron?	En un pequeño hotel en la playa.	En la casa de sus padres.	En hostales y algunas veces en el coche.

Actividad 2
1 mesa reservada 2 su mesa 3 la carta 4 de primero 5 lleva 6 ¿de segundo? 7 merluza a la plancha 8 para beber 9 una cerveza 10 ¿Van a tomar postre? 11 natillas 12 dos solos 13 ¿nos trae la cuenta?

Actividad 3
A Horizontal: 1 empezaste 2 fueron 3 dormisteis 4 viajamos 5 bebió 6 llegué 7 viste 8 nos levantamos 9 murió 10 ganasteis 11 di 12 durmieron 13 dimos.
Vertical: 1 escribieron 2 fuisteis 3 jugué 4 practiqué 5 nació 6 nací 7 murieron

B Respuesta libre.

Actividad 4
anoche, ayer, anteayer, el otro día, la semana pasada, hace un mes, el verano pasado, en la Navidad de 2011, el año pasado, (el año pasado, en la Navidad de 2011), hace diez años, el 15 de enero de 1968, en 1933, en el siglo XVI

Actividad 5
Respuesta libre.

Actividad 6
B 1 Depende del momento presente 2 A finales de los años 60. 3 Grabó un disco: *Santana* I. 4 En 1970. 5 Con John Lee Hooker, Shakira y Maná.

C Respuesta libre.

Actividad 7
1 mío, tuyo 2 Vuestra, mía 3 mis, mi 4 suya 5 suya, mía 6 Sus, Mis 7 su, su 8 tuya, mía, suya 9 vuestro, nuestro

Actividad 8
1 Tres mil dos 2 Tres mil ciento cuarenta y tres 3 Tres mil ochocientos veintidós 4 Cuatro mil quinientos cincuenta y cinco 5 Cinco mil seiscientos setenta y dos 6 Siete mil ochocientos noventa y dos 7 Nueve mil ciento cuarenta y ocho 8 Cien mil ciento cinco 9 Trescientos veinticinco mil ciento ochenta y ocho 10 Ochocientos cincuenta y cuatro mil doscientos setenta y seis 11 Un millón setecientos cuarenta y dos mil cuatrocientos setenta y ocho 12 Un millón novecientos treinta y un mil seiscientos noventa y cuatro

Actividad 9
1 b 2 c 3 a 4 b 5 b 6 c

Actividad 10
A 1 b 2 a 3 b 4 c 5 a

B Respuesta libre.

Soluciones

Unidad 13: *Un poco de nuestra Historia*

Actividad 1
1 F 2 V 3 V 4 V 5 F 6 V 7 V 8 F

Actividad 2
A 1 pude 2 dije 3 oyeron 4 tocó 5 estuvieron 6 tradujiste 7 leyó 8 pidió 9 tuvisteis 10 hicisteis 11 hubo 12 vino 13 repetiste 14 encontré 15 supo 16 quisimos 17 sintió 18 conocí 19 pusimos 20 pedí 21 traje 22 estudié

B

....	....	....
tocó	pude	encontré
leyó	dije	estudié
pidió	hubo	conocí
sintió	vino	
pedí	supo	
	traje	

Actividad 3
A 1 Fue rey de Castilla y León en el siglo XIII. También se le llama "el Sabio". 2 Nació en en 1221 en Toledo. 3 Porque continuó con la obra de la Escuela de Traductores de Toledo e impulsó la colaboración entre sabios occidentales y orientales. 4 Los cristianos, los árabes y los judíos.

B Respuesta libre.

Actividad 4
1 Gabriel García Márquez ganó el Premio Nobel de Literatura en 1982. 2 Gandhi consiguió la independencia de la India en 1947. 3 El muro de Berlín cayó en 1989. 4 Galileo construyó el primer telescopio en 1609. 5 La Revolución francesa estalló en 1789. 6 Magallanes dio la primera vuelta al mundo en 1519. 7 Simón Bolívar nació en 1783.

Actividad 5
A 1 algo de 2 mucha 3 algunas 4 ningún 5 nada de 6 poco 7 algunos 8 ningún 9 muchos 10 algo de

B 1 alguien, nada, algo, nadie 2 Algo, nada, todo

Actividad 6
A Respuesta libre.

B Respuesta libre.

C 1 Un litro de vino, de aceite, de leche, de agua 2 Medio kilo de zanahorias, de arroz, de sardinas, de cebollas, de patatas, de salchichas, de atún, de café 3 Una lata de sardinas, de atún 4 Una caja de galletas, de leche 5 Una bolsa de zanahorias, de patatas 6 Un paquete de arroz, de galletas, de café, de pasta, de salchichas 7 Una botella de vino, de aceite, de leche, de agua

D Respuesta libre.

Actividad 7
1 b 2 a 3 e 4 f 5 g

Actividad 8
B 1 V 2 F 3 F 4 F

C Respuesta libre.

Actividad 9
Respuesta libre.

Actividad 10
Respuesta libre.

Unidad 14: *¡Qué tiempos aquellos!*

Actividad 1
Diálogo 1: d, e **Diálogo 2:** a **Diálogo 3:** c, g **Diálogo 4:** b, f

Actividad 2
A **Celebrar:** celebraba, celebrabas, celebraba, celebrábamos, celebrabais, celebraban. **Poner:** ponía, ponías, ponía, poníamos, poníais, ponían. **Cantar:** cantaba, cantabas, cantaba, cantábamos, cantabais, cantaban. **Esperar:** esperaba, esperabas, esperaba, esperábamos, esperabais, esperaban. **Comer:** comía, comías, comía, comíamos, comíais, comían. **Pasar:** pasaba, pasabas, pasaba, pasábamos, pasabais, pasaban. **Ser:** era, eras, era, éramos, erais, eran. **Estar:** estaba, estabas, estaba, estábamos, estabais, estaban. **Haber:** había, habías, había, habíamos, habíais, habían. **Gustar:** (verbo de objeto indirecto): me/te/le/nos/os/les gustaba/gustaban (gustaba, gustabas, gustaba, gustábamos, gustabais, gustaban). **Vestirse:** me vestía, te vestías, se vestía, nos vestíamos, os vestíais, se vestían. **Ir:** iba, ibas, iba, íbamos, ibais, iban. **Tener:** tenía, tenías, tenía, teníamos, teníais, tenían. **Venir:** venía, venías, venía, veníamos, veníais, venían. **Tomar:** tomaba, tomabas, tomaba, tomábamos, tomabais, tomaban. **Jugar:** jugaba, jugabas, jugaba, jugábamos, jugabais, jugaban. **Bailar:** bailaba, bailabas, bailaba, bailábamos, bailabais, bailaban. **Reír:** reía, reías, reía, reíamos, reíais, reían.

B Respuesta libre.

Soluciones

Actividad 3

A

W	O	L	U	M	P	Y	N	G	A	L	F	O	M	B	R	A	D	E
P	G	T	U	F	L	O	R	E	R	O	K	E	M	O	L	U	R	O
O	Q	S	C	I	H	A	E	R	H	U	Ñ	E	S	A	S	F	I	E
A	V	B	N	C	U	M	O	P	E	Y	L	U	E	P	P	Z	A	D
R	S	E	L	I	D	E	D	O	U	M	A	L	W	O	E	A	Z	A
M	U	O	F	E	F	A	G	I	T	S	V	F	O	F	X	J	A	R
A	C	V	B	I	V	A	S	L	A	V	A	B	O	F	I	F	O	W
R	V	X	Z	A	S	D	I	N	A	Q	V	I	V	A	H	O	Ñ	O
I	A	S	X	C	V	B	I	Z	E	Z	A	N	I	Ñ	A	W	Q	C
O	B	I	P	F	R	T	B	R	U	B	J	I	T	A	V	A	F	Y
M	L	S	C	B	R	I	C	A	R	D	I	B	O	A	N	Z	Q	E
C	O	N	C	O	M	P	I	E	D	B	L	F	P	A	I	R	B	C
H	O	P	C	I	N	M	Y	R	G	H	L	B	B	Ñ	A	E	V	A
S	E	V	L	C	A	F	E	T	E	R	A	A	L	A	B	R	U	M
T	E	S	T	A	N	T	E	R	I	A	S	L	K	F	P	I	B	A

B **1** sofá **2** mesa **3** sillas **4** alfombra **5** estanterías **6** lámpara **7** armarios **8** cocina **9** mesa **10** jarrón **11** cama **12** edredón **13** cuadros **14** mesilla **15** cortinas

C Respuesta libre.

Actividad 4
1 b 2 b 3 a 4 b 5 b 6 a

Actividad 5
1 c 2 g 3 k 4 h 5 b 6 e 7 f 8 m 9 l 10 i 11 a 12 j 13 d

Actividad 6
1 le pasa **2** Me duele **3** una dieta equilibrada **4** estresado **5** un bocadillo **6** gimnasia **7** unos análisis de sangre **8** una receta **9** al día **10** legumbres

Actividad 7
1 c 2 a 3 a

Actividad 8
El piso de Sandra es más caro que el piso de Paula. // El piso de Paula es más barato que el de Sandra. // El piso de Sandra es más grande que el de Paula. // El piso de Paula es más pequeño que el de Sandra. // El piso de Paula tiene menos habitaciones que el piso de Sandra. // El piso de Sandra tiene más habitaciones que el piso de Paula. // El piso de Sandra tiene tantos baños como el de Paula: dos. // El piso de Paula tiene tantos baños como el de Sandra: dos. // El piso de Paula está más cerca del centro que el de Sandra. // El piso de Sandra está más lejos del centro que el piso de Paula.

Actividad 9
1 b 2 b 3 c 4 c

Actividad 10
A Respuesta libre.

B Respuesta libre.

Unidad 15: *Si tú me dices ven...*

Actividad 1
Diálogo 1: f **Diálogo 2:** b **Diálogo 3:** d **Diálogo 4:** e **Diálogo 5:** h **Diálogo 6:** a **Diálogo 7:** c **Diálogo 8:** g

Actividad 2
A **1** entre **2** Perdone, tome, cruce, siga **3** Cierra **4** Poned **5** ábre(la) **6** Respiren, tomen, expulsen, repítan(lo), Recuerden, hagan, **7** Haced **8** venga.

B **1** ● ¿Se puede?
  ▼ Sí, entra, por favor.
2 ● Perdona, ¿para ir a la calle Gordóniz?
  ▼ Sí, toma la primera a la izquierda, cruza la rotonda y después sigue todo recto.
3 ● Cierre la puerta, por favor, que hace frío.
  ▼ Ahora mismo.
4 ● Pongan la tele, que empieza ya la película.
  ▼ Vale.

5 ● ¿Puedo abrir la ventana?
  ▼ Sí, claro, ábrala.
6 ● Respirad lenta y profundamente... tomad aire, expulsad el aire... y repetidlo tres veces más.
  ▼ ¿Hay que tumbarse?
  ● No, mejor sentados. Recordad, haced cuatro respiraciones completas.
7 ● Hagan los deberes para mañana.
  ▼ ¿También la redacción?
  ● Sí, sí, los ejercicios del uno al cuatro y la redacción.
8 ● Por favor, ven a mi despacho esta tarde.
  ▼ De acuerdo.

Actividad 3
A **1** Colabora **2** Apadrina **3** Sé, acoge **4** Sé, ayuda **5** Compra **6** Pon **7** Dona

B Respuesta libre.

Actividad 4
1 Sí, regálalos / Sí, regálelos 2 Sí, abridla / Sí, ábranla 3 Sí, ponla / Sí, póngala 4 Sí, pruébatela / Sí, pruébesela 5 Sí, movedlo / Sí, muévanlo 6 Sí, déjalas / Sí, déjelas 7 Sí, cógelo / Sí, cójalo 8 Sí, resérvala / Sí, resérvela 9 Sí, hazla / Sí, hágala 10 Sí, sácalos / Sí, sáquelos.

Actividad 5
Akojdfui**cine**ñamimosrbcisafifnbo**periódico**ge**agencia**zibaxjipolmiy**anuncio**kikalqsertuiwslolo**televisión**lpñfafelgizafeljupitazcverticime**folleto**ketfarevatasitucartol**marca**yojealiobrophifas**libro**qsadefifgysavou**radio**brujy**revista**haricardrebegobp**cartel**pfi

B 1 el cine 2 el periódico 3 la agencia 4 el anuncio 5 la televisión 6 el folleto 7 la marca 8 el libro 9 la radio 10 la revista 11 el cartel

Actividad 6
A 1 g 2 e 3 i 4 d 5 a 6 f 7 c 8 h 9 j 10 b

B Respuesta libre.

C Respuesta libre.

Actividad 7
A 1 - 2 - 10 - 5 - 14 - 7 - 3 - 11 - 8 - 4 - 6 - 12 - 15 - 13 - 9

B Respuesta libre.

Actividad 8
Respuesta libre.

Actividad 9
1 D 2 B 3 E 4 A

Actividad 10
Respuesta libre.

Unidad 16: *Cuaderno de viajes*

Actividad 1

Día	Fecha	Trayecto-Medio de transporte	Alojamiento
1	16 de julio, sábado	Oviedo - Valladolid en tren	Hotel Castellanos en Valladolid
2	17 de julio, domingo		Hotel Castellanos en Valladolid
3	18 de julio, lunes	Valladolid - Salamanca en tren	Hotel Vega en Salamanca
4	19 de julio, martes	Salamanca - Ciudad Rodrigo en autobús	Hotel Vega en Salamanca
5	20 de julio, miércoles		Hotel Vega en Salamanca
6	21 de julio, jueves	Salamanca - Oviedo en tren	Oviedo

Actividad 2
A Respuesta libre.

B Respuesta libre.

C Respuesta libre.

Actividad 3
1 y 2 porque 3 y 4 ni 5 por eso 6 cuando 7 pero 8 pero 9 y 10 y 11 pero 12 cuando 13 ni 14 Por eso 15 cuando 16 porque

Actividad 4
1 i 2 e 3 b 4 d 5 a 6 c 7 g 8 f 9 j 10 h

Actividad 5
A 1 desde 2 hace que 3 desde 4 Desde que 5 hace 6 hace

B Respuesta libre.

Actividad 6
1 aterrizar 2 mostrador de embarque 3 facturar 4 equipaje de mano 5 exceso de equipaje 6 cola 7 sala de espera 8 retraso 9 monitor

Actividad 7
1 V 2 F 3 V 4 F 5 V

Actividad 8
1 c 2 c 3 b 4 b

Actividad 9
Respuesta libre.

Actividad 10
Respuesta libre.

Unidad 17: *Nos despedimos, pero seguiremos en contacto*

Actividad 1
A 1 F 2 F 3 F 4 V 5 F

B Respuesta libre.

Actividad 2
A

[Sopa de letras]

B **1 Decir:** diré, dirás, dirá, diremos, diréis, dirán.
2 Haber: habré, habrás, habrá, habremos, habréis, habrán.
3 Hacer: haré, harás, hará, haremos, haréis, harán.
4 Poder: podré, podrás, podrá, podremos, podréis, podrán. **5 Poner:** pondré, pondrás, pondrá, pondremos, pondréis, pondrán. **6 Querer:** querré, querrás, querrá, querremos, querréis, querrán. **7 Saber:** sabré, sabrás, sabrá, sabremos, sabréis, sabrán. **8 Salir:** saldré, saldrás, saldrá, saldremos, saldréis, saldrán. **9 Tener:** tendré, tendrás, tendrá, tendremos, tendréis, tendrán. **10 Venir:** vendré, vendrás, vendrá, vendremos, vendréis, vendrán.

Actividad 3
Respuesta libre.

Actividad 4
Respuesta libre.

Actividad 5
1 en, de, para 2 desde, hasta, a, hasta 3 a, con, a, de, sin, para 4 de, a, a, a, por, de, a 5 A, a, con, de 6 con-sin, Sin 7 Por, Por, a, a, con, a, de 8 desde-de, hasta-a, a, en 9 sin, con, sin

Actividad 6
1 correo electrónico 2 arroba 3 punto 4 sms 5 ordenador 6 Internet 7 páginas web 8 foros 9 chat 10 sms 11 virus

Actividad 7
Respuesta libre.

Actividad 8
1 c 2 b 3 b 4 c

Actividad 9
A Respuesta libre.

B 1 de-desde, a-hasta 2 dos 3 dos años 4 en, año 5 de, a 6 desde

Actividad 10
A 1 g 2 a 3 e 4 j 5 d 6 c 7 h 8 b 9 i 10 f

B Respuesta libre.

Unidad 18: *Modelo Examen*

PRUEBA DE COMPRENSIÓN DE LECTURA

TAREA 1
0 A 1 D 2 I 3 H 4 C 5 F 6 B 7 A

TAREA 2
8 C 9 A 10 B 11 B 12 A

TAREA 3
13 C 14 B 15 C 16 B 17 B 18 C

TAREA 4
0 A 19 H 20 E 21 J 22 B 23 G 24 D

TAREA 5
25 B 26 B 27 C 28 A 29 C 30 B

PRUEBA DE COMPRENSIÓN AUDITIVA

TAREA 1
1 C 2 C 3 B 4 A 5 C 6 B 7 B

TAREA 2
8 B 9 A 10 A 11 A 12 A 13 B

TAREA 3
0 A 14 G 15 J 16 E 17 B 18 F 19 D

TAREA 4
20 C 21 B 22 C 23 A 24 B 25 B

TAREA 5
26 G 27 F 28 E 29 H 30 B

Transcripciones de las audiciones

Unidad Preliminar

Pista 1
Actividad 1.
1 M A R D O N E S 2 S U E C I A
3 B L A N C O 4 P I Ñ A
5 J I M É N E Z 6 Q U I Q U E

Pista 2
Actividad 2.
Coche, jamón, jugar, zorro, zumo, cuatro, goma, gente, cine, kilo, gato, cinco, Jerez, quinto, Galicia, girasol, cena, guapo, Cuba, guitarra, Costa Rica, queso, guerra, jirafa.

Unidad 1: *Ser o no ser*

Pista 3
Actividad 8.
Hola, soy María Trillo. Soy española de Toledo. Toledo es una ciudad antigua y muy bonita. Soy periodista. Soy alta y morena, simpática y trabajadora. Mi amiga Silvia es abogada y es argentina, de Buenos Aires. Buenos Aires es muy grande y moderna. Silvia es rubia y muy guapa. Es también simpática y agradable.
Somos buenas amigas.

Pista 4
Actividad 9.
1 actriz 2 profesora 3 médico 4 escritora 5 astronauta 6 jardinero 7 futbolista 8 fotógrafo 9 camarera 10 pintora.

Unidad 2: *¿Estudias o trabajas?*

Pista 5
Actividad 1.
1 las tres y cuarto 2 las cinco y veinticinco 3 las ocho y media 4 las diez menos diez 5 las cuatro y cuarto 6 las dos y veinte 7 la una 8 las siete menos cuarto.

Pista 6
Actividad 3A.
1 Es de Barcelona. Para su trabajo necesita una piscina y mucho entrenamiento. Participa en campeonatos de natación. 2 Es colombiano, de Aracataca. Escribe libros. Para su trabajo necesita una computadora y mucha imaginación. Su premio más importante es el Nobel de Literatura. 3 Es de Madrid. Para su trabajo necesita una gran voz. Canta e interpreta óperas. Actúa en los teatros más importantes del mundo. 4 Es madrileña, pero vive en Estados Unidos. Trabaja en el cine. Es muy elegante. La gente ve sus películas y a veces trabaja con el director de cine Pedro Almodóvar. Su premio más importante es un Óscar. 5 Es español, de Asturias. Para su trabajo necesita un coche especial, velocidad y concentración. Participa en carreras de coches por todo el mundo. 6 Es de Barcelona. Trabaja en un restaurante. Cocina platos muy ricos y originales. Para su trabajo necesita buenos alimentos y creatividad. 7 Es de Móstoles, Madrid. Trabaja con un balón de fútbol. Para su trabajo necesita una portería y mucha concentración. Forma parte de la selección española de fútbol. Su premio más importante es la Copa del Mundo. 8 Es mexicana. Canta y actúa por todo el mundo. Vende discos. También baila y colabora con otros artistas. 9 Es español, de un pueblo de Ciudad Real, pero vive en Madrid. Para su trabajo necesita una cámara de cine, un buen guion y unos buenos actores. Su actriz favorita es Penélope Cruz. 10 Es andaluza, de Cádiz. Para su trabajo necesita un tablao flamenco y música flamenca. Viaja mucho. Baila y actúa por todo el mundo.

Pista 7
Actividad 4A.
Veintiocho, dieciséis, diecinueve, quince, veintitrés, treinta.

Pista 8
Actividad 7.
1 Buenas tardes, ¿qué tal está? / Muy bien, gracias.
2 Hola, ¿cómo te llamas? / Gabriel.
3 ¿De dónde eres? / Soy ecuatoriana, de Quito.
4 ¿Dónde trabaja? / En Madrid.
5 Hola, ¿cómo estás? / Regular, ¿y tú?
6 ¿Qué idiomas habla? / Inglés y un poco de francés.

Nuevo Avance Básico

Unidad 3: *Estoy en España*

Pista 9
Actividad 1B.
Cuarenta, treinta y dos, treinta y siete, cuarenta y nueve, treinta y nueve, cincuenta, cuarenta y cuatro, treinta y cinco, cuarenta y ocho, cuarenta y dos, cuarenta y siete, treinta, cuarenta y tres, treinta y uno, cuarenta y seis, cuarenta y uno, treinta y tres, cuarenta y cinco, treinta y ocho, treinta y cuatro, treinta y seis.

Pista 10
Actividad 7A.
En mi aula hay diez mesas y diez sillas. Están juntas y forman casi un círculo. Hay una mesa grande. Encima de la mesa grande hay dos libros y un ordenador portátil. Encima de las mesas pequeñas hay estuches, cuadernos y libros. En la pared hay unos pósters. Hay tres ventanas muy grandes al fondo y una puerta al lado de la pizarra.

Unidad 4: *La familia bien, gracias*

Pista 11
Actividad 1A.
● Ana, ¿esta es tu familia?
▼ Sí, esta es mi madre, Sofía, y este mi padre, Rafael.
● ¡Qué guapos! ¿Cuántos años tienen?
▼ Mi padre tiene 61 años y mi madre 58.
● Esta no es vuestra casa, ¿verdad?
▼ No, es la casa de la abuela. Vamos todos los domingos a comer allí. Mira, esta es mi abuela, Josefina. Y este mi abuelo Ignacio.
● ¿Son los padres de tu madre?
▼ Sí.
● Y ¿esta niña tan guapa?
▼ Es mi sobrina Lucía, la hija de mi hermana Cristina y de Carlos.
● Y este chico alto es tu hermano, ¿no?
▼ Sí, Roberto. Y esta, mi hermana pequeña, Susana.
● ¿Roberto está casado?
▼ No, está divorciado; tiene dos niños gemelos. Mira, aquí están: Iván y Gabriel.
● ¡Seguro que los domingos en casa de la abuela son muy divertidos!
▼ Sí, normalmente..., bueno, a veces discutimos mucho también...

Pista 12
Actividad 9B.
1 ¡Hola! Soy Arancha, tengo 36 años y trabajo en la cocina de un restaurante. Vivo en Bilbao con mi hijo Iñaki de ocho años. Aquí estamos en la playa.

2 ¡Hola! Me llamo Alba y os presento a mi familia: mi padre Francisco que es informático y mi madre Mónica que es abogada. El niño más pequeño es mi hermano Efrén y los dos niños mayores, Gerardo y Pablo, son hijos de mi padre, de su matrimonio anterior. Vivimos en Cartagena.

3 ¡Hola! Somos Begoña y Ricardo. Somos profesores. No estamos casados y no tenemos hijos pero tenemos una gata preciosa.

4 Somos la familia Jimeno Azcaray. Yo me llamo Feliciano y mi mujer se llama Pilar. Trabajo en una peluquería de caballeros y Pilar es ama de casa. Vivimos en Logroño con nuestros dos hijos, José Ignacio y María. Los padres de mi mujer son Santiago y María y también están en la foto. Normalmente los domingos damos una vuelta todos juntos.

5 ¡Hola! Soy Marta y estoy casada con Fede. Tenemos dos hijas de origen chino, Eva que tiene siete años y Sara de cuatro añitos.

Unidad 5: *De fiesta en fiesta*

Pista 13
Actividad 1.
● ¡Hola Marta! ¿Qué tal?
▼ Bien. Y ¿tú?
● Regular. Esta semana tengo mucho trabajo... ¡Qué bien que hoy es viernes! Tengo muchos planes para el fin de semana.
▼ ¿Sí?
● Mañana por la mañana voy a la exposición "Cómics de siempre" en la Biblioteca Municipal.
▼ ¿A qué hora?
● Es de diez a cinco y media pero yo solo puedo ir por la mañana, a las doce. ¿Quieres venir?
▼ No, no puedo. Tengo un partido de baloncesto a las once, jugamos la final... y después como en casa de la abuela. Y, ¿qué haces por la tarde?
● Tengo dos entradas de teatro para ver «Chicago» en el teatro Principal, a las ocho.
▼ ¿Puedo ir?
● Sí, claro. Y el domingo podemos ir al cine a ver *Más allá de la vida*, es la última película de Clint Eastwood.
▼ No sé... ¿A qué hora?
● A las ocho y media, en el cine Florida.
▼ El Florida está muy lejos de mi casa y es el cumpleaños de mi hermana. Hacemos una fiesta y seguro que terminamos tarde.
● Vale. Otro día vamos al cine. ¡Suerte con el partido!
▼ Gracias. ¡Hasta luego!
● ¡Hasta luego!

Pista 14
Actividad 8.
1 ¿Puedes encender la luz? / Sí, por supuesto. 2 ¿Puedo comer un bocadillo en clase? / No, pero puedes hacerlo en el descanso. 3 ¿Puede cerrar la ventana, por favor? Tengo frío. / Sí, claro que sí. 4 ¿Puedes comprar las entradas para el cine? / No, lo siento. Hoy no tengo tiempo. 5 ¿Puedo fumar aquí? / No, no se puede fumar dentro de la Escuela 6 ¿Puedes bajar la música, por favor? / Sí, claro. ¿Está bien así?

Transcripciones de las audiciones

Unidad 6: *Un día normal en la vida de...*

Pista 15
Actividad 2A.
Hola, me llamo Olga Nevado. Son las 4 de la madrugada y ahora salgo del trabajo. Soy locutora de radio en la cadena *Onda Meridional* y mi programa se llama *Palabras en la noche*, empieza a la 1.00 y termina a las 4.00. Es un trabajo apasionante y escucho las historias, a veces tristes, a veces divertidas, emocionantes, dramáticas pero siempre interesantes. Otros oyentes escuchan y ayudan y aconsejan a las personas con problemas.
Ahora voy a casa en coche, llego, tomo un vaso de leche caliente y me acuesto a las 5.00 de la madrugada. No duermo bien porque durante el día no se descansa igual. Me despierto a las 11.30 de la mañana y me levanto a las 12.00. Me ducho y me hago un buen desayuno: zumo de naranja, dos o tres piezas de fruta, huevos, jamón, pan con tomate y aceite y mucho café. Esto me da mucha energía para todo el día.
Estoy divorciada. Tengo dos hijos que tienen 15 y 13 años. Estudian en el Instituto. Llegan a casa a las 14.00, y mientras comen, hablamos de sus estudios y de sus cosas. Yo también les cuento sobre mi trabajo en la radio. Es el único momento del día que estamos juntos, bueno, también los fines de semana. A las 16.00 vuelven al Instituto y después, a las 18.00 tienen entrenamiento de fútbol y clases de alemán.
Yo estoy en casa hasta las 19.00. Desde que mis hijos se van al Instituto hasta la hora de ir a la radio, leo los periódicos, veo un poco la tele, repaso el guion de mi programa, estudio y también llamo por teléfono a mi madre y a algunas amigas. Y meriendo un poco: tomo un bocadillo pequeño de queso y jamón, fruta y un café. Después, me visto, me maquillo y me peino. Salgo de casa a las 19.00 y hago algunas compras antes de ir a la radio.
Llego a la emisora sobre las 20.30 de la tarde y preparamos el programa de la noche. Ceno en la radio a las 22.00 de la noche con algunos compañeros. Siempre llamo a mis hijos para saber si todo está bien en casa.
¡A la 1.00 empieza el programa! La radio de noche es muy especial, muy distinta a la radio que se hace de día. Eso es lo mejor de mi trabajo. ¡Lo peor es que duermo poco y como poco! También estoy poco con mis hijos. Pero los fines de semana son diferentes: paso mucho tiempo con ellos.

Unidad 7: *Para gustos están los colores*

Pista 16
Actividad 3.
Esto es «Palabras en la noche» de Onda Meridional.
Hola, buenas noches. Me llamo Rocío y llamo para buscar pareja. Soy una mujer joven y trabajadora. Estoy soltera y vivo con una amiga. Tengo un perro Westy Terrier blanco. Me gustan mucho los animales, sobre todo los perros, y quiero tener otro. Trabajo en un supermercado, en el centro de mi ciudad. Me encanta esta ciudad porque es grande y cosmopolita. También me gusta ir al cine, ir al teatro... y también las discotecas. ¡Me encanta bailar! Voy a clases de salsa los jueves. Los sábados por la noche siempre salgo con mis amigos, no me gusta quedarme en casa y ver la tele. Quiero conocer a un chico simpático. Dejo mi correo electrónico en el programa y podéis escribirme.

Pista 17
Actividad 5B.
Buenos días, este es el tiempo para hoy, 17 de diciembre. En el norte mucha lluvia, especialmente en Galicia y en toda la costa cantábrica. En zonas del interior del País Vasco y en Navarra nieva en estos momentos. La temperatura mínima se registra en Pamplona que está a 1 grado bajo cero. También esperamos nieve en zonas de Aragón.

En Castilla-León y en la Comunidad Autónoma de Madrid también hace mucho frío y los cielos están muy nublados.

En Cataluña y en la Comunidad Autónoma Valenciana esperamos temperaturas más suaves, mínimas de 8 grados y fuertes vientos.

Castilla-La Mancha y en Extremadura tenemos temperaturas muy bajas pero los cielos están muy despejados y hace sol.

En Andalucía tenemos hoy una temperatura media de 12 grados y llueve en la mayoría de las provincias.

En las islas Baleares se registran ahora fuertes vientos y una temperatura media de 10 grados. Y el mejor tiempo para hoy lo tenemos en las islas Canarias: allí hace sol y esperamos máximas de 22 grados.

En Ceuta y Melilla la temperatura es de 14 grados y hay viento del Este.

Nuevo Avance Básico

Transcripciones de las audiciones

Unidad 8: ¡Qué bueno!

Pista 18
Actividad 1A.
la naranja; los plátanos; los mejillones; los tomates; el cordero; las cebollas; la fresa; el cerdo; las patatas; la lechuga; el arroz; el pollo; la sandía; la coliflor; el melocotón; las uvas; el ajo; las zanahorias; las gambas; el salmón; las peras; la leche; el aceite; las manzanas; el chocolate; el melón; las sardinas; las galletas; los pepinos; la mermelada; el queso; la pasta; los pimientos.

Pista 19
Actividad 7B.
Hola, me llamo Iván. Vivo en Burgos. Mi piso no es grande, pero es bastante bonito.
Tiene una cocina moderna y práctica, dos cuartos de baño, uno más pequeño que el otro, un salón comedor muy acogedor, dos dormitorios pequeños, un despacho con la biblioteca y una terraza con muchas plantas... ¡soy jardinero! Al lado de la entrada está el salón comedor, a la derecha del salón está mi dormitorio y al lado el baño grande. Enfrente del salón está la cocina, a la derecha de la cocina está el cuarto de baño pequeño, al lado del baño está el otro dormitorio y al fondo está la biblioteca. La terraza está junto a la cocina. ¿Te gusta mi piso?

Unidad 9: ¿Qué te ha dicho el médico?

Pista 20
Actividad 4.
1 ¿Vamos esta tarde a la piscina? / No, lo siento, no puedo. Tengo que estudiar para el examen de Anatomía. **2** ¿Quieres tomar un helado? / No, no puedo. Me duele la garganta. **3** ¿Vamos a Venecia de vacaciones? / ¡Qué buena idea! De acuerdo, así descansamos y volvemos con más energía. **4** Luego vamos a ir de compras, ¿vienes? / ¡Sí, ¡claro! Tengo que comprar una crema protectora solar con factor 50. **5** ¿Por qué no alquilamos un coche y recorremos España este verano? / Imposible. Este verano tengo que trabajar en el hospital.

Pista 21
Actividad 9A.
Locutora: Buenas tardes: Ahora en *Onda Meridional* y en su programa «La salud es lo primero» vamos a hablar con la doctora Dávila.
Doctora Dávila, ¿hay una gimnasia para la cara?

Doctora Dávila: Pues sí. Para tener una cara joven sin arrugas y una piel más firme podemos hacer estos sencillos ejercicios todos los días:
- Abrir mucho la boca y cerrarla. Hacerlo diez veces y relajar. Repetir otras diez veces más.
- Cerrar los ojos y a la vez abrir la boca.
- Abrir y cerrar cada ojo alternativamente. Hacerlo cinco veces y relajar. Repetir cinco veces más.

Y para tener unos pómulos más marcados hay que:
- Llenar la boca de aire y expulsarlo poco a poco por la boca.
- Llenar solo un carrillo y pasar el aire de un lado al otro alternativamente.

Si queremos tener unos labios bonitos, debemos
- Pronunciar la vocal *u*.
- Poner los dedos índices cada uno en un extremo de los labios y pronunciar la palabra *lechuga*.

Locutora: ¡Ah! pues no parecen difíciles de hacer. Gracias, doctora, nos vemos la semana que viene.

Unidad 10: Ser o estar, esta es la cuestión

Pista 22
Actividad 1B.
Diálogo 1
● Perdón, por favor, ¿para ir a la calle Valladolid?
● Sí, sigues todo recto por esta calle. Después, subes hasta la plaza de San Martín. Al llegar a la plaza, coges la primera calle a la izquierda, luego giras a la derecha y esa es la calle Valladolid.
● De acuerdo. Muchísimas gracias, señor.
● No hay de qué.

Diálogo 2
● Perdón, ¿sabes dónde está el Museo de Bellas Artes?
● Sí, sigues por esta calle y coges la tercera calle a la derecha. Te encuentras el Teatro Floridablanca y después giras a la izquierda y ahí está el Museo de Bellas Artes. ¿De acuerdo?
● Sí, sí, vale. Muchas gracias.
● De nada.

Pista 23
Actividad 8.
▲ Buenas tardes, queridos oyentes, bienvenidos al espacio *Un mundo de palabras*. Hoy hablamos sobre el uso de *tú* y *usted*, que no siempre es fácil. En general, si es la primera vez que hablamos con una persona de mucha más edad que nosotros, lo más correcto es usar *usted*, y si la otra persona prefiere la forma de *tú*, entonces, le hablamos de *tú*. Llamamos *tuteo* y *tutear* al tratamiento de *tú*. Entre los jóvenes es más frecuente el tuteo.
Con las personas mayores es más habitual usar la forma de *usted*. No hay tratamientos diferentes para hombres y mujeres. También hay

diferencias de este uso entre España e Hispanoamérica y también entre algunas regiones españolas.
Hoy hemos salido a la calle y hemos hecho la siguiente pregunta a algunas personas: "¿Qué prefiere, el tratamiento de *tú* o de *usted*?" Y esto es lo que nos han contestado:
● ¡Prefiero el *tú* porque con *usted* me siento muy vieja! Pero también hay gente muy maleducada que tutea a todo el mundo, y a veces no es correcto.

● Yo no uso *tú*... En mi país, Argentina, usamos normalmente *vos*, y para nosotros es muy coloquial y cariñoso.
Para mí es raro escuchar acá en España la forma *vosotros*. Allá usamos *ustedes* como plural de *tú*, pero es divertida la diferencia. ¿Vos comprendés?
■ A mí me gusta usar siempre *tú*. Es más cercano. Uso *tú* con mis amigos, con mis padres, con los profesores... con todos, también con las personas mayores.

◆ Normalmente utilizo *tú* con mis amigos y las personas que conozco mucho, pero en las tiendas, en el banco, en las oficinas... y por supuesto en las entrevistas de trabajo uso *usted*. También trato de *usted* a las personas mayores, creo que es más correcto y educado.
▲ Ya ven, queridos oyentes, las respuestas son variadas y la cuestión no es sencilla. ¿Qué prefiere usted?

Unidad 11: *Hay que hacer muchas cosas*

Pista 24
Actividad 1B.
● Buenos días, ¿qué van a tomar?
▼ Yo un tinto y un pincho de tortilla de patata.
● ¿Con cebolla o sin cebolla?
▼ Con cebolla.
● ¿Y usted?
■ Una caña y... ¿Tienen croquetas?
● Sí, de jamón y de bacalao.
■ Vale, una ración de las de jamón.
● Muy bien. Ahora mismo.
● Aquí tienen el vino y la cerveza. Enseguida vienen las tapas.
▼ Gracias.
■ ¿Nos pone otra ronda, por favor?
● Claro, ¿algo de comer?
■ Sí, unas aceitunas.
▼ Yo, unas croquetas de bacalao.
● Marchando.
● Aquí están.
■ Por favor, ¿cuánto es?
▼ De eso nada. Hoy pago yo.
■ Bueno, otro día yo.
● 11,50, por favor.
▼ Aquí tiene.
● Gracias. ¡Adiós!

Pista 25
Actividad 7.
Mensaje 1
● ¿Diga?
▼ ¿Está Raúl?
● Sí. ¿De parte de quién?
▼ De Chelo.
● Ahora mismo se pone.

Mensaje 2
Ha llamado a la Oficina Erasmus de la Universidad de Zaragoza. Ahora no podemos atenderle. Puede dejar su mensaje y su número de teléfono y le llamamos más tarde. Gracias.

Mensaje 3
● ¿Sí?
▼ ¡Hola Laura!
● ¿Quién eres?
▼ Manolo.
● ¡Ah, Manolo, sí! No te he conocido...
▼ ¿Está tu hermana?
● No, ha salido. ¿Le digo algo de tu parte?
▼ No, ya llamo más tarde. Gracias.

Mensaje 4
Hola, Cris. Soy Arturo. Te dejo este mensaje para recordarte que el jueves tenemos que recoger el sofá de casa de Adela. Hemos quedado a las seis con ella, ¿vale?

Pista 26
Actividad 9.
Mensaje 1
Alicia, soy Montse. Te llamo porque hemos quedado a las cinco en el «Tapas», ¿verdad? ¡Qué cabeza tengo! Espero tu llamada. ¡Hasta luego, guapa!

Mensaje 2
● Me encanta su programa, ¡es buenísimo! ¡Qué gusto poder oír todos los días un programa cultural de calidad! No hay muchos...
▼ Gracias, gracias.
Pasamos a la pregunta de la semana...

Mensaje 3
Kiko, tienes el móvil apagado. Oye, ¿puedes venir esta tarde a casa? Es que ha llegado Lucía de Cuba y quiere verte, ha traído regalos para todos.

Mensaje 4
● Es que esto no es normal, llega agosto y está todo cerrado.
▼ Tienes razón, Gloria. El lado positivo es lo tranquila que está la ciudad.

Transcripciones de las audiciones

Unidad 12: *De viaje*

Pista 27
Actividad 1.
Texto 1
● Hola, soy Maribel. ¿Mis últimas vacaciones? Fueron en Navidad y fui con mi marido a las islas Canarias porque allí siempre hace buen tiempo. Fuimos en avión. Nos alojamos en un pequeño hotel en la playa. Pasamos unos días maravillosos, nadamos, tomamos el sol... un lujo en pleno invierno, pero lo que más nos gustó fue el Teide, en Tenerife: impresionante.

Texto 2
▲ Hola, me llamo Sonia. Mi sitio preferido para pasar las vacaciones es el pueblo de mis padres, en el valle del Roncal, en Navarra. Siempre voy allí, a nuestra vieja casa de campo. La última vez fueron quince días en mayo, estuve yo sola. Otras veces he ido con la familia, con amigos o con mi novio. Aparqué la moto el primer día y no la volví a coger hasta el día de la vuelta. Pasé unos días tranquilísimos, ya sabes, el bosque, el río... mucha paz. Dormí todas las noches ocho horas seguidas, ¡como nunca!

Texto 3
■ Soy Quique y mis últimas vacaciones fueron el verano pasado, con mi novia. Fuimos a Hispanoamérica, a Chile. Viajamos por todo el país en coche. Visitamos Santiago, Viña del Mar, Valparaíso, Temuco..., y vivimos una experiencia inolvidable en el norte, en el desierto de Atacama; está a cuatro mil metros de altura y es un lugar increíble. Dormimos en algunos hostales, pero a veces en el coche... Nos gusta mucho América del Sur, el verano que viene vamos a ir a Argentina para ver las cataratas de Iguazú. Allí es invierno, pero es que no tenemos vacaciones en otras fechas.

Pista 28
Actividad 9.
Buenas tardes, queridos oyentes. Bienvenidos al espacio *Un mundo por descubrir*. Hoy hablamos de las cataratas de Iguazú, que son de las más bellas y espectaculares del mundo. Las cataratas de Iguazú están entre la provincia de Misiones, en Argentina, y el estado de Paraná, en Brasil. Además, están muy próximas a la frontera entre Paraguay y Argentina. Estas cataratas están formadas por 275 saltos de hasta 80 metros de altura. Su agua es la del río Iguazú. Se pueden realizar paseos en barca bajo los saltos y hacer senderismo. La Garganta del Diablo es el salto más alto y el que tiene más cantidad de agua. Por este salto pasa la frontera entre los dos países: Argentina y Brasil. Por el lado brasileño, solo tenemos una vista panorámica; por el lado argentino, podemos pasear. En estos paseos es normal estar mojados todo el tiempo, porque el vapor de agua que se produce cuando el agua choca contra las rocas forma una lluvia fina y constante. En uno de los paseos podemos ver las cataratas desde abajo y en otro, las vemos desde arriba, y esto cambia por completo la visión del paisaje.
Para llegar a la Garganta del Diablo podemos coger el Tren de las Cataratas. Después de este trayecto, tenemos un paseo de algo más de un kilómetro que dura dos horas. El último tren sale a las cuatro y media de la tarde.
Para los amantes del *trekking* recomendamos hacer el sendero Macuco: una oportunidad única para observar la naturaleza, contemplar una cascada de 20 metros en plena selva y ver monos, insectos y otros muchos animales.

Unidad 13: *Un poco de nuestra Historia*

Pista 29
Actividad 1.
● Hoy, en una nueva edición de nuestro programa *Vidas singulares* tenemos el gusto de entrevistar a Guillermo Naveda, escritor y viajero incansable. Bienvenido a Onda Meridional, señor Naveda.
Vamos a empezar por el principio, si le parece. ¿Cómo fue su infancia y cuándo decidió ser escritor?
▼ Sí, nací en 1932, en Santiago, pero tres años más tarde, la familia se trasladó a la ciudad de Concepción y allí estudié mis primeros años en la escuela y escribí mis primeros cuentos.
● Y después tuvo que volver a emigrar, ¿no es así?
▼ Sí, en 1946 nos fuimos a Valparaíso y allí continué mis estudios y seguí escribiendo relatos. A los 20 años, empecé a colaborar en algunos diarios de Valparaíso y de Viña del Mar. En 1955, escribí mi primera obra de teatro *El bosque de castaños* y conocí a mi mujer, Violeta Escudero, que es actriz y fue la protagonista de esta obra. Nos casamos en 1958 y dos años más tarde nos fuimos a Santiago por razones de trabajo. Volví a mi lugar de nacimiento, a la capital.
● ¿Los años 60 fueron importantes para usted?
▼ Sí, mucho. Empecé a publicar con algunas editoriales importantes y en 1965 gané el Premio Municipal de Santiago con *Los barcos*, una novela que dediqué a mi hija mayor, Laura, porque nació ese mismo año. También en esa época me inscribí por primera vez en la Universidad, en la Facultad de Filosofía... y me interesé por la política. Participé en algunos proyectos culturales del gobierno de Salvador Allende...
● Y entonces la historia de su país cambió bastante también su vida.
▼ Así es. El 11 de septiembre de 1973 se produjo el golpe militar en Chile, cayó el gobierno de Allende y nos exiliamos. Vinimos a España, a Barcelona. Buscamos trabajos, tuvimos que adaptarnos a una nueva forma de vida, hicimos nuevos amigos.

Nuevo Avance Básico

- Pero también obtuvo el éxito y el reconocimiento en España.
- Sí, sí, aquí he publicado la mayoría de mi obra, han crecido nuestras hijas, nos hemos hecho viejos. No quisimos volver a Chile después de la dictadura, pero está en nuestro corazón, claro.

Pista 30
Actividad 7.
- ¡Hola, Estela! ¿Qué tal? ¡Siempre nos encontramos aquí!
- Sí, siempre hay que hacer la compra, ¿verdad? Hoy, además, he venido ya dos veces porque he olvidado comprar tomates y voy a hacer gazpacho.
- ¡Qué rico! Y con el calor que hace hoy. Ayer yo también hice gazpacho.
- Tú eres un fenómeno, Juan, sabes hacer de todo: cantas, tocas la guitarra, bailas, cocinas... ¡Eres un artista! Por cierto, ¿vas a tocar en la fiesta de Ana Mari?
- Sí, sí, claro, voy a llevar la guitarra. El año pasado conocí a Rocío así, ¿te acuerdas? En el cumple de Ana Mari y tocando la guitarra.
- ¡Lo vamos a pasar muy bien! Oye, ¿sabes dónde está el chocolate?
- Sí, en el segundo pasillo a la izquierda. ¡Conozco esto como mi casa!
- Pero a ti te gusta más el mercado, ¿no?
- Para algunas cosas sí, para los productos frescos, sobre todo: la carne, el pescado, la fruta... Me encanta el pescado y el del mercado es muy bueno.
- Yo todavía no he comprado nunca pescado en el mercado, ya ves. ¡Es tan cómodo venir aquí! Porque lo encuentras todo.
- Sí, es que depende del día y del tiempo que tienes. Y no siempre hay lo que quieres: la semana pasada compré unos mejillones buenísimos en el mercado, pero hoy he ido y no hay.
- Bueno, Juan, yo voy a pagar ya. Nos vemos el sábado en casa de Ana Mari.
- Sí, ¡hasta el sábado!

Unidad 14: ¡Qué tiempos aquellos!

Pista 31
Actividad 1.
Diálogo 1
- Mira esta foto en casa de la abuela. ¿Te acuerdas de cuando celebrábamos allí la Navidad?
- Sí, sí, claro que me acuerdo. Los niños poníamos adornos en el árbol, cantábamos villancicos y esperábamos los regalos del día de Reyes.
- Y comíamos cosas muy ricas. Tu abuela y yo pasábamos todo el día cocinando.

Diálogo 2
- Mira, María, aquí estás tú en la escuela.
- ¡Ay, qué recuerdos! Esta era la señorita Alicia y me acuerdo del nombre de todas las niñas: Ana, Mari Mar, Mari Luz, Elena... En aquella época los niños y las niñas estábamos separados, había aula de niños y aula de niñas. Me gustaba mucho la escuela, sobre todo la clase de lengua.

Diálogo 3
- Mira, estos son los abuelos el día de su boda.
- ¡Qué foto tan antigua! ¡Y la abuela lleva un vestido negro!
- Sí, en aquellos tiempos era normal. Muchas novias se vestían de negro, muy elegantes.
- Pero aquí, en vuestra boda, tu vestido es blanco.
- Sí, claro. Papá y yo nos casamos en 1961. En esa época las novias ya iban de blanco.
- ¡Qué guapos!

Diálogo 4
- Mira esta foto: tu hermano y tú en tu fiesta de cumpleaños. Eras muy pequeña aquí..., tenías unos tres o cuatro años.
- ¡Qué bonitos eran aquellos cumpleaños! ¿Verdad? Venían todos los primos y los amiguitos a casa, tomábamos chocolate con churros y la tarta para soplar las velas. Después, jugábamos toda la tarde, bailábamos, cantábamos, nos reíamos mucho.

Pista 32
Actividad 7.
Anuncio 1
¿Necesitas un descanso? ¿Hay demasiado estrés en tu vida? No necesitas irte a un paraíso lejano para desconectar. Ahora, sin salir de tu ciudad, el centro *Bienestar Hydra* te ofrece las mejores soluciones para la relajación y el descanso. Exclusivo *jacuzzi*, masajes relajantes, envolturas corporales de chocolate, cereza, vino, café o té verde y clases de yoga, pilates, taichi y reeducación postural. Estamos en la calle Burgos, 36, de lunes a sábado en horario de mañana y tarde. También puedes visitar nuestra página en internet *www.bienesarhydra.net*

Anuncio 2
¡Por fin la parafarmacia que estabas esperando! *Salud Integral* en la plaza de la Provincia en horario continuo de lunes a domingo. Medicamentos, sección de perfumería e higiene, productos de belleza y cosmética, artículos para su bebé y herboristería. También disponemos de servicio a domicilio. En el teléfono 923005467.

Anuncio 3
Porque el cuidado corporal empieza por la base, la *Clínica Podológica Pasos* le ofrece los mejores tratamientos para sus pies. Tratamos todas las dolencias podológicas. Médico especialista en dolencias de los deportistas. Exploración y estudio postural gratuito, y no puede perderse nuestras exclusivas sesiones de reflexoterapia: un masaje de pies que tonifica todo el cuerpo. Puede encontrarnos en la avenida de la Libertad, 2, y en la calle Pintores, 15. Para consultas por internet, puede escribir a *pilarbarayon@pasos.net*

Unidad 15: *Si tú me dices ven...*

Pista 33
Actividad 1.
Diálogo 1
● ¿Se puede?
▼ Sí, entre, por favor.
Diálogo 2
● Perdone, ¿para ir a la calle Gordóniz?
▼ Sí, tome la primera a la izquierda, pase la rotonda y después siga todo recto.
● Muchas gracias.
▼ De nada.
Diálogo 3
● Cierra la puerta, por favor, que hace frío.
▼ Ahora mismo.
Diálogo 4
● Poned la tele, que empieza la película.
▼ Vale.
Diálogo 5
● ¿Puedo abrir la ventanilla?
▼ Sí, claro, ábrela.
Diálogo 6
● Respiren lenta y profundamente..., tomen aire, expulsen el aire..., y repítanlo tres veces más.
▼ ¿Hay que tumbarse?
● No, mejor sentados. Recuerden, hagan cuatro respiraciones completas.
Diálogo 7
● Haced los deberes para mañana.
▼ ¿También la redacción?
● Sí, sí, los ejercicios del uno al cuatro y la redacción.
Diálogo 8
● Por favor, venga a mi despacho esta tarde.
▼ De acuerdo.

Pista 34
Actividad 7B.
● Buenos días, ¿en qué puedo ayudarlas?
▼ Buenos días, queríamos una habitación doble para cuatro noches.
● Un momento, por favor, déjeme mirar... A ver..., ahora mismo solo nos queda una habitación doble en la segunda planta, pero con el baño compartido.
▼ ¿No tiene baño? Entonces no. Y, ¿dos individuales?
■ Pero va a ser bastante más caro, Marga.
● Esperen un momento que creo que los señores Trillo salen hoy... Sí, se marchan hoy después de comer. Es la habitación 15, en la primera planta, doble, con baño y da a la calle.
▼ ¡Qué bien! Y, ¿cuánto vale?
● 65 euros con el desayuno.
▼ A mí me parece muy bien. ¿Y a ti, Lola?
■ A mí también. Solo una cosa más: ¿hay conexión a internet o wi-fi?
● Sí, sí, la habitación tiene aire acondicionado, teléfono, televisión y wi-fi para sus ordenadores portátiles.
■ ¡Genial! Nos quedamos en esa habitación.
● Muy bien. ¿Pueden dejarme sus carnés de identidad, por favor?
▼ Sí, aquí los tiene.
● Gracias.

Pista 35
Actividad 10A.
La risa es el idioma universal entre las diferentes culturas. A través de ella conectamos con otras personas: es parte de nuestro lenguaje no verbal y de la comunicación. La risoterapia nació hace unos 4000 años en el antiguo imperio chino y está relacionada con la respiración: podemos provocar la risa solo respirando.
Los científicos han demostrado que las personas que tienen normalmente buen humor también desarrollan una mejor actividad mental y un mayor rendimiento en el trabajo y en los estudios. Y, por supuesto, el buen humor también mejora nuestra salud, porque tenemos menos dolores, menos ansiedad y menos estrés.
La risoterapia es una terapia de grupo y pretende conseguir una carcajada natural desde nuestro interior. Para ello, utiliza técnicas de expresión corporal, masajes, bailes, ejercicios de respiración y de relajación. ¿Por qué no probamos algunas de estas técnicas? Este es un buen ejercicio para eliminar tensiones:
● Camina con el cuerpo apretado con mucha tensión. Repite tu nombre varias veces conteniendo la respiración; expulsa el aire y toma aire otra vez profundamente. Repítelo tres veces. Mueve los brazos y suelta todo el cuerpo dando pequeños saltos.
● Túmbate boca arriba y coloca una mano en el estómago. Toma todo el aire posible.
● Expulsa el aire poco a poco diciendo una vocal: "ja, ja, ja", "je, je, je", "ji, ji, ji". Repítelo.
● Con cada expulsión de aire va a surgir la risa de manera natural. Vas a vivir la experiencia de reírte de nada. ¡Ya has conectado con el poder sanador de la risa!

Unidad 16: *Cuaderno de viajes*

Pista 36
Actividad 1.
● ¡Hola, Nuria!
▼ ¡Hola! Oye, ¿cómo va la organización del viaje?
● Bien, muy bien. Ya lo tengo casi todo organizado. Mira, salimos el próximo sábado en el tren de las 7.30.
▼ ¿El día 17?
● No, el 17 es domingo. Salimos el sábado, el 16.
▼ ¡Ah, vale! Voy a coger mi agenda. Ya está, anotado.
● Llegamos a Valladolid a mediodía y he reservado una habitación en el hotel Castellanos. Nos quedamos dos noches.
▼ Perfecto. He buscado información en internet y hay lugares muy interesantes que podemos ver en un fin de semana.
● Para Salamanca tenemos más tiempo. Desde el lunes por la tarde.
▼ ¡Sí! Una semana. Y como el 25 de julio es fiesta, vuelvo al trabajo el día 26.
● Pero yo tengo que estar aquí antes, el 22, porque es la boda de mi amigo, Luis, ya sabes.
▼ Es verdad.
● Así que el tren de vuelta lo tenemos el día 21 por la mañana. Estamos en Salamanca desde el lunes hasta el jueves.
▼ De acuerdo. Y, ¿has reservado alojamiento en Salamanca?
● Sí, tres noches en el hotel Vega. Está en el centro histórico. Y también he organizado ya la excursión a Ciudad Rodrigo. Vamos el martes en autobús.
▼ Y de Valladolid a Salamanca, ¿también vamos a ir en autobús?
● No, vamos en tren.
▼ ¡Qué bien! Hace dos años que no viajo en tren. ¿Te acuerdas? Desde el viaje que hice para visitar a mi tía Candi, en Madrid.

Pista 37
Actividad 8.
● Agencia de viajes *En ruta*, buenos días. ¿Dígame?
▼ Buenos días, quería información sobre viajes a Latinoamérica.
● ¿En qué fechas?
▼ A finales del verano.
● ¿En septiembre?
▼ Sí, en septiembre u octubre. Es que mi mujer tiene vacaciones a mediados de septiembre, y yo también voy a tener libre esas fechas.
● Muy bien. Y, ¿algún país en particular?
▼ Estamos pensando en la República Dominicana, queremos un viaje de sol y playas.
● Y, ¿para cuánto tiempo?
▼ Aproximadamente una semana, pero todavía no estamos seguros.
● Disponemos de viajes a Punta Cana, siete noches en cualquier mes, excepto agosto, en excelentes hoteles, desde 910 euros.
▼ Pero, en el viaje, ¿solo se visita Punta Cana? Queremos relajarnos y pasar mucho tiempo en la playa, pero también queremos hacer alguna visita de tipo cultural, conocer Santo Domingo...
● Tenemos también viajes a la capital, pero son más caros, desde 1544 euros en la zona más elegante de Santo Domingo, y si ustedes hacen alguna otra visita, es por su cuenta.
▼ No sé..., tengo que consultar con mi mujer. A ella también le apetece mucho Panamá, que es más desconocido y todavía tenemos mucho tiempo, estamos en mayo.
● ¿Por qué no vienen por aquí y así les atendemos personalmente y ven los catálogos? Estamos en la calle Antonio Machado, 3. También pueden consultar nuestra página web: *www.enrutamundo.com*
▼ De acuerdo, gracias.
● Gracias a usted. Adiós.

Unidad 17: *Nos despedimos, pero seguiremos en contacto*

Pista 38
Actividad 1A.
● Lidia, veo en las cartas un problema del pasado que se resolverá muy pronto.
▼ ¿Un problema?
● Sí, un problema de familia y de dinero.
▼ Mi tío Juan murió el año pasado y ha habido algunos problemas con la herencia.
● Se solucionará, no te preocupes.
▼ Y del trabajo, ¿ve algo sobre el trabajo?
● No tendrás mucho éxito en un negocio que has abierto.
▼ ¡Mi salón de belleza! Estoy trabajando mucho.
● Pero las cartas no son muy buenas en el trabajo... Veo viajes... Viajarás mucho el año que viene..., y viajarás por amor. La carta de los enamorados es clara. Conocerás a alguien muy especial fuera de tu ciudad, posiblemente fuera de España, y te casarás.
▼ ¡Vaya! ¿Me casaré con un extranjero?
● Sí, creo que sí, y aprenderás un nuevo idioma también.
▼ ¿Algo más?
● No, querida, nada más.

Pista 39
Actividad 8.
La Universidad de Stanford ha realizado un estudio sobre tecnología y enfermedades.
El estudio dice que contestar un correo electrónico, ver un vídeo de YouTube, recibir una llamada y dos mensajes de Twitter, todo al mismo tiempo, no es bueno para la salud. Según los científicos, en el futuro las personas que hacen esto tendrán más problemas para diferenciar entre lo importante y lo menos importante, tendrán menos capacidad para recordar cosas y, curiosamente,

Transcripciones de las audiciones

también más problemas para cambiar de tarea.

Las personas que están conectadas a la red durante la vida cotidiana pueden enfermar y ser *tecnoadictas*. Además, antes todo estaba en nuestro ordenador fijo y el tecnoadicto pasaba mucho tiempo encerrado en su habitación con el ordenador. Ahora, es posible conectarse a internet en cualquier momento y desde cualquier lugar, y las posibilidades de ser un tecnoadicto son mayores. La adicción a la tecnología todavía no es una enfermedad psiquiátrica, pero cada vez hay más gente con problemas de dependencia de la tecnología. Según la psiquiatra Lourdes Estévez, son personas que normalmente tienen otros problemas, problemas de pareja, de familia, estrés, ansiedad, etc. Según esta experta, la clave para recuperarse es tener otras aficiones, y dedicarse a una actividad de ocio no relacionada con los aparatos.

Unidad 18: *Modelo Examen*

Pista 40

PRUEBA 2: Comprensión auditiva
Tarea 1
Vas a escuchar siete anuncios de radio. Los anuncios se repiten dos veces. Selecciona la opción correcta a, b o c para cada pregunta sobre los anuncios.
Anuncio 1
¿Quieres un cumpleaños especial para tu hijo? En la agencia *Color.es* ponemos a tu disposición las mejores ideas y los mejores recursos para hacer esa fiesta de cumpleaños inolvidable. Musicales infantiles, payasos y teatro para niños. Nuestro magnífico teatro de marionetas, *La panda*, ha sido ganador este año del Premio de Teatro para la Infancia *Gloria Fuertes*. Además, tenemos divertidas tarjetas con fotos de las marionetas o los payasos para las invitaciones. Llámanos.

Anuncio 2
¡*Radiorrumba*! Sabemos que te gusta el flamenco y la rumba, y siempre hemos estado contigo en tu casa, en tu trabajo, en el coche. Ahora ya puedes escucharnos desde cualquier parte del planeta. Puedes visitarnos en nuestra página web *www.radiorrumba.com* y escuchar flamenco-pop y rumba para animar tu vida en cualquier momento: Niña Pastori, Ketama, El Arrebato, Estopa... y también la rumba clásica de todos los tiempos y muchos otros contenidos. ¡Te esperamos!

Anuncio 3
Tenemos todo lo que necesitas para tu relax sin salir de la ciudad. *Spa Mente y Cuerpo* ofrece a sus clientes tratamientos de belleza y relajación. Circuito de hidroterapia, termas, masajes terapéuticos, tratamientos con arcillas, piedras energéticas y las más modernas técnicas de tonificación de la piel. Vas a vivir una experiencia de descanso única. Estamos en la calle Valdés, 22. Teléfono 94 67 34 21 para cita previa. También puedes conocernos en nuestra web *www.spamenteycuerpo.com*.

Anuncio 4
¿Te sientes solo? ¿Todavía no has conocido a la persona para compartir tu vida? ¿Crees que nunca vas a encontrar a tu media naranja? Nunca es demasiado tarde para nada. En la agencia *Cosa de dos* te ayudamos a encontrar a la persona ideal. Hacemos tests de compatibilidad, tú tienes las citas y tu pareja está simplemente ahí para ti. Ya lo han hecho más de dos mil personas de todas las edades. ¿Por qué no tú? Puedes entrar en *www.cosadedos.com* para más información o escribir un *e-mail* a *cosadedos@smail.es*. Tú buscas, nosotros encontramos.

Anuncio 5
¡Viajes *Actívate*! Organizamos rutas, excursiones y viajes a su medida. En función de sus características físicas, preferencias, gustos y situación familiar diseñamos actividades a medida dentro de nuestra provincia: senderismo, bicicleta de montaña, iniciación al golf o a la hípica, visitas culturales, museos, etc. También adaptamos las actividades a su tiempo libre: mañana o tarde, día completo, dos o tres días. Teléfono 653 12 31 44. Correo electrónico: *info@activate.com*.

Anuncio 6
Presentamos el nuevo Blackx B44, un teléfono móvil de última generación. Tu ordenador personal, tu teléfono, tu televisión, tu conexión a internet, tu mp3, tu cámara de fotos y vídeo, todo integrado en un solo aparato. No se vende en tiendas. Puedes llamar al teléfono 901 55 53 66 y obtener tu Blackx B44 por solo 170 euros más los gastos de envío. Y para las primeras 100 llamadas regalamos la conexión a internet durante los tres primeros meses. Blackx B44, el mundo en tu bolsillo.

Anuncio 7
La Salud es la revista semanal que cada jueves te ofrece los mejores consejos de salud y bienestar. Este jueves y por solo 1,50 euros más, puedes llevarte *Los mejores spas y balnearios*, una guía de 100 páginas en color con los mejores espacios de relax en España. Pregunta en tu quiosco.

Pista 41
Tarea 2
Vas a escuchar una noticia de radio sobre un evento deportivo en la ciudad de Oviedo. Escucharás la noticia dos veces. Selecciona la opción correcta a, b o c para cada pregunta.
Ahora tienes 35 segundos para leer las preguntas.
Buenos días y bienvenidos a una nueva edición de *Sobre dos ruedas*.
Hoy hablamos de un acontecimiento deportivo, cultural y de tiempo libre que se celebrará en Oviedo este domingo día 11. Se trata de una nueva edición del «Global Cycling», un evento deportivo y de ocio en el que participarán

corredores de fama mundial, como el campeón olímpico y escalador del Tour de Francia 2011, Samuel Sánchez, y el ganador del Giro de Italia 2010, Iván Basso.
Junto a ellos otro gran deportista español, Carlos Sastre dirá adiós al ciclismo. Pero el «Global Cycling» es mucho más que una prueba deportiva. La bicicleta es la verdadera protagonista del evento y su objetivo principal es la promoción del ciclismo *amateur* a través de competiciones entre los más jóvenes. Además, este año hay grandes novedades como el primer Concurso Literario Oviedo «Global Cycling», una concentración de Ciclismo Antiguo, una exhibición de Ciclismo adaptado a personas con discapacidad y la tradicional Feria de la Bicicleta. Los más pequeños tendrán su espacio con actividades especialmente diseñadas para ellos, como una sección especial en el concurso literario, en la que entregarán interesantes premios a los mejores cuentos escritos por niños de entre 6 y 14 años.
Así que ya lo saben, este domingo cojan sus bicicletas y vayan al «Global Cycling» a pasarlo bien.
Esto es todo por hoy, queridos oyentes. Les esperamos mañana aquí en *Sobre dos ruedas*, el programa para los amantes de la bici.

Pista 42
Tarea 3
Vas a escuchar siete mensajes. Escucharás cada mensaje dos veces. Selecciona el enunciado que corresponde a cada mensaje.
Hay diez enunciados, incluido el ejemplo. Selecciona seis.
Ahora tienes 35 segundos para leer los enunciados.

MENSAJE 1
Blanca, soy Carmen. Me salta el contestador. Te llamo para decirte que no podemos quedar hoy a las cinco, tengo que ir a buscar a José al aeropuerto. ¿Qué tal si quedamos a las siete? ¡Llámame o escríbeme un sms para confirmar!

MENSAJE 2
Este es el contestador automático de la escuela de español *Avance*. Les recordamos que con motivo de las fiestas de Carnaval esta semana no hay clases. Los cursos empiezan otra vez el próximo día 2 en el horario habitual. Gracias.

MENSAJE 3
Pepi, soy Andrea. Te llamo para preguntarte dónde está el cine Alameda. ¿Son los cines Alameda del centro comercial o esos son los cines Ábaco? Es que voy a llevar a los niños a ver la película *Tintín* y la ponen en el cine Alameda..., como tú vas tanto al cine... Llámame, guapa.

MENSAJE 4
Le habla el contestador automático de la agencia de viajes *Volando*. Sentimos no poder atenderle en estos momentos. Nuestro horario de atención al público es de diez a dos y de cinco a ocho de lunes a sábado. Disculpen las molestias. Gracias.

MENSAJE 5
Estimado cliente: *Phonevox*, su compañía de telefonía móvil, le comunica que tiene 1200 puntos acumulados en su cuenta de cliente. Puede usar sus puntos para cambiar gratuitamente de móvil. Pase por cualquiera de nuestras tiendas y le atenderemos gustosamente. Gracias por su atención.

MENSAJE 6
Buenas noches, señoras y señores. Los cines Príncipe les dan la bienvenida y les invitan a disfrutar de la película. Les recordamos que está prohibido realizar cualquier grabación dentro de la sala y que deben mantener apagados los móviles durante toda la proyección. Muchas gracias.

MENSAJE 7
Aviso a los señores usuarios de la biblioteca. Les recordamos que la biblioteca cerrará sus puertas dentro de un cuarto de hora. Por favor, pasen por el mostrador de préstamo si desean sacar algún libro. Desconectaremos los ordenadores en unos minutos. Muchas gracias.

Pista 43
Tarea 4
Vas a escuchar una conversación telefónica entre una trabajadora de una tienda y un cliente. Escucharás la conversación dos veces. A continuación, selecciona la opción correcta *a*, *b* o *c* para cada pregunta.
● Atención al cliente, buenas tardes. ¿En qué puedo ayudarle?
▼ Buenas tardes. Hace una semana compré en su tienda unos muebles y tengo algunos problemas con dos de ellos.
● ¿Qué muebles son?
▼ Una cama, un armario ropero, una mesa de centro y una lámpara. Todo está bien, menos el armario y la lámpara.
● ¿Cuál es el problema exactamente?
▼ No puedo encender la lámpara.
● Y la instalación eléctrica, ¿está bien? ¿Está seguro?
▼ Sí, sí, está todo perfectamente conectado.
● Y, ¿qué ocurre con el armario?
▼ No tiene todas las piezas que hay en el libro de instrucciones y no puedo montarlo.
● ¿No está completo?
▼ Eso es.
● De acuerdo. Estoy tomando nota de todo lo que me dice. ¿Conserva el *ticket* de compra?
▼ Sí, por supuesto.
● Muy bien. Mire, vamos a enviar un técnico de nuestra tienda para hacer una revisión y si hay que cambiar la lámpara, la cambiaremos sin problema. Además, puede usted venir a la tienda con el *ticket* de compra y le daremos las partes que faltan del armario.
▼ Vale, muy bien.
● ¿Me puede decir su nombre, dirección y un teléfono de contacto?
▼ Claro. Me llamo José Luis Alvar Segura y la dirección es calle Herreros, 4. 2.° B, en el barrio de San Andrés. Mi teléfono es el 671 345 627.
● Perfecto. El técnico le llamará antes de ir a su casa. Será antes de veinticuatro horas.
▼ Muchas gracias.
● A usted. Adiós.
▼ Adiós.

Transcripciones de las audiciones

Pista 44
Tarea 5
Vas a escuchar una conversación entre dos personas, Alfredo y Milagros. Escucharás la conversación dos veces. Después selecciona la imagen que corresponde a cada enunciado. Hay ocho imágenes y tienes que seleccionar cinco.
● ¡Hola, Alfredo! ¿Adónde vas con tanta prisa?
▼ A la farmacia. Cierran dentro de media hora y la de guardia está muy lejos.
● ¿Estás enfermo?
▼ Yo no. Susana está en la cama con fiebre y bastante tos.
● ¡Pobrecita! Y tan pequeña... ¿Cuántos añitos tiene?
▼ El domingo cumplió diez.
● Huy, creía que era más pequeña. Es que hace mucho que no veo a tus hijas.
▼ Pues sí, Susana ya tiene diez años y Janire seis. Y a la pequeña también la hemos tenido malita con una faringitis.
● Es que con este frío y en la escuela tantos niños juntos. se pegan las gripes y los resfriados. Desde que empezó el curso, en casa todos tomamos zumo de naranja y kiwis a diario. También yo he estado resfriada. Este enero está siendo terrible.
▼ Es verdad. Por eso hay que hacer lo que decían las abuelas: tomar un buen vaso de leche caliente con miel. Eso ayuda a curar los resfriados. Pero ahora voy a la farmacia a buscar algo para la fiebre de Susana.
● A ver si mejora enseguida.
▼ Eso, eso. Y si mañana no está mejor, la llevaremos al médico. Bueno, te dejo porque, si no, van a cerrar la farmacia.
● Sí, sí..., ya hablaremos otro día. Recuerdos a todos y besitos a Susana, que se mejore.
▼ Gracias, Milagros. ¡Hasta otro día!